社会主义核心价值体系建设
"双百"出版工程

项 目

/ 100 位
新中国成立以来感动中国人物/

时 传 祥

曹德全/著

★

吉林出版集团 | 吉林文史出版社

《100位新中国成立以来感动中国人物》丛书

★★★★★

编 委 会

前　言

　　每个人的心中都多少有一点英雄情结，都向往英雄、景仰英雄。也正因此，在中华人民共和国建国六十周年之际，由中央十一部委联合组织开展的"100 位为新中国成立作出突出贡献的英雄模范人物和 100 位新中国成立以来感动中国人物"的评选活动中，群众参与投票总数近一亿。这其中的每一张选票，都表达了人们对英雄模范的崇敬之情，寄托着对伟大祖国的美好祝福。

　　一个民族不能没有英雄，否则这个民族就不会强大。当国家危难之时，懦弱者选择了逃避、妥协甚至投降，英雄们却挺身而出，用热血捍卫民族的尊严，人民的幸福。在创立和建设新中国的伟大历程中，涌现出无数可歌可泣的英雄模范人物。他们之中，有为了民族独立和人民解放而英勇牺牲的革命先烈，有为了党和人民的事业而不懈奋斗的优秀共产党员，有在全民族抗战中顽强奋战、为国捐躯的爱国将士，有英勇杀敌的战斗英雄和革命群众，有积极从事进步活动的著名民主爱国人士和国际友人……他们是民族的脊梁、祖国的骄傲，是激励全体人民团结奋斗的精神力量。

　　《100 位新中国成立以来感动中国人物》丛书，就像一部星光璀璨的英雄谱，真实、完整地记录了英雄模范人物不平凡的一生，再现了他们非凡的人格魅力和精神世界。舍身堵枪眼的黄继光，拼命也要拿下大油田的王进喜，中国原子弹之父邓稼先，新时期领导干部的楷模孔繁森……一串串闪光的名字，一个个动人的故事，犹如群星闪烁，光耀中华。

　　当今中国正处于伟大变革的时代，迫切需要涌现出一大批勇于承担历史使命、为祖国和人民奉献一切的先进人物。在"双百"人物崇高精神的引领下，在建设社会主义现代化国家的征程中，必将英雄辈出。

生平简介

时传祥（1915-1975）男，汉族，山东省齐河县人，中共党员。1929 年参加工作，生前系北京市崇文区清洁队（现北京市崇文环卫三队）工人。

时传祥是崇文区环卫战线的一名普通掏粪工人。他以"宁愿一人脏，换来万家净"的崇高精神，在平凡的环卫岗位上无私奉献一生，为首都的环卫事业作出了不平凡的贡献。1929 年，年仅 14 岁的时传祥逃荒到北京当了一名掏粪工。解放初期，由于工作努力，在工友中享有很高的威信，他被推选为前门区粪业工会委员兼工会小组长，他经常带领大家开展忆苦思甜教育，以自己的实际行动报答党恩。1958 年，崇文区清洁队改用汽车运粪，他与工友们一起钻研，进行技术革新，增加了掏粪量。他不仅立志自己一生投身环卫事业，而且非常关心环卫事业的后继与发展。从 1962 年开始，他承担起对分配来的初、高中毕业生的传帮带任务，帮助青年人树立"工作无贵贱、行业无尊卑"、一心一意为人民服务的思想。时传祥以无私奉献的崇高品质赢得了全社会的尊重，他向人们生动诠释了劳动的光荣和生命的价值，他是全心全意为人民服务的优秀典范。他是第三届全国人大代表，1959 年被授予全国劳动模范荣誉称号。

1915-1975
[SHICHUANXIANG]

◀时传祥

目 录 **MULU**

父亲永在我心里（代序）

时纯利

近几年，国内出了好几种丛书，有少年红色经典，有感动中国双百人物等等，足以显示我们国家正在进行一项巨大的精神文明建设工程，我和我的家人非常高兴，也愿意为这项工程做一点贡献。最近，吉林文史出版社要出版一套"双百人物"丛书，其中一本是曹德全写我的父亲时传祥的，嘱我为这本书写个东西，想来想去，就写点对父亲时传祥的回忆吧。

我是1954年1月出生的，从记事起我就跟着父亲出入胡同，难忘的是胡同里的厕所，最难忘的是父亲对我们子女的教导和影响。

我记忆中最早的一件事是这样的：大约我六七岁的时候，走在父亲身边，有时候走在他的左边，头皮快擦着他背的粪桶，父亲就把我拉到他的另一边去，然后对我说："保国（时纯利的乳名），你的头顶上是蓝天，粪桶永远只能在脚下。"那时候我什么都不懂，走个路还有什么讲究？我仰头看看，头顶是蓝天啊！没有问题呀；父亲的粪桶在身后背，粪桶怎么在脚下？长大后细细琢磨父亲的话，才体会出父亲极富哲理的心思，他是要让我头顶蓝天，脚踩大地，身背粪桶，当一个顶天立地、爱岗敬业的掏粪工人，而不要让粪桶把人压趴下。

父亲生前有一张照片，是父亲提着粪勺，肩背粪桶，迈步向前走着——恰恰就是一个顶天立地、爱岗敬业的巨人形象。

我小时候比较淘气，时常爬到父亲的背上玩，父亲也时常把我屁股朝上地抱着转圈，或者把我扔起来老高，我在半空叽叽嘎嘎地笑个不停，没完没了地缠着父亲再来一个，再来一个。总是妈妈把我拉开，说父亲累了一天，还不知道心疼人。每当这个时候，我都是恋恋不舍地停止了胡闹。

父亲是一个慈祥大度的人，跟父亲在一起，有无限的快乐。

为了让父亲高兴，我们兄弟姊妹们都很听话，在学校里都是优等生。

还有一件事，父亲当小学生努力学文化的时候，还当过我的"老师"呢。那时候我刚刚五岁，父亲把我叫到跟前，说："来，我教你学习。继续鼓足干劲的'干劲'

是这样写的。"他教我在地上写这两个字，他写的"干"字上边的一横写歪了，"干"字就像一个"千"字了，当然我也写成了"千"字。哥哥说，你们俩都在鼓足"千"劲。父亲生气地说，你懂个屁，我们俩是在鼓足干劲。然后哥哥教我们俩不要把鼓足干劲写成鼓足"千"劲。父亲很快就学会了，我也很快就学会了。第二天晚上，我都睡下了，父亲把我叫起来，说，你写"鼓足干劲"，考考你忘了没有。我就写了这四个字，父亲自己也写了一遍，他高兴地说，哈，还是保国聪明，写得比我好。

长大以后我才理解了父亲，他不是在教我学文化，他是在复习自己学过的知识，用这样的方法加强记忆。但是，我也得到了"实惠"，跟着父亲上了"学前班"。实际上我是父亲的"陪读"。由于我很早就当"陪读"，所以，父亲说我比较早慧。

父亲从来都是只知道夸奖别人。明明是父亲学文化比我认真，比我快，却说我聪明。我才不聪明呢，小时候我只知道玩儿。

我父亲是一个有坚强毅力，同时又足智多谋的人。在他的面前没有克服不了的困难，跟父亲在一起浑身充满使不完的力量。

第一次掏粪、背粪是在我16岁的时候。文化大革命中，父亲的身体已经被折磨得生活不能自理了，他还惦记着千家万户的厕所该不该清掏了，他使尽生命最后的力气，带着我们兄弟姊妹四个去东单牌楼掏粪。那个极其特殊的年代里，我们没有一丁点娇气。我记得，我背起第一桶粪，摇摇晃晃走出那个院子的时候，父亲的脸上绽出了少有的笑容，父亲给我竖起一个大拇指。受到父亲的夸奖，我心里暖暖的好不自豪。心里说，我行，我能够完成父亲的愿望，我能让父亲高兴起来，让父亲的身体好起来。

现在，写这段文字的时候，我鼻子酸酸的，心里热热的，有一种热流在胸中涌动。

我父亲是一个全心全意为他人服务的了不起的掏粪工人，他一生都想着千家万户，把生命中最后的光和热献给了他所热爱的事业。

在我的人生的道路上，我干过好几个工作，最早干的是掏粪、后来是清扫垃圾，这几年做了管理工作。不管干什么我都牢牢地记住刘少奇主席给我父亲说的话："我们在党的领导下都要好好地为人民服务。你掏大粪是人民的勤务员，我当国家主席也是人民的勤务员。这只是革命的分工不同，都是革命事业中不可缺少的一部分。"我记住这些教导，不论干啥我丝毫都不敢懈怠，遇到解决不了的问题，我就想，如果爸爸在世，遇到这样的问题他会怎么办？那么我现在就怎么办。

前些日子我读到曹德全先生编写的这本书稿，很是激动。我一字不落地、仔仔细细地读了一遍，心里百感交集，它打开了我记忆的闸门，好像父亲又出现在眼前，那场景，那神态，又一次勾起心灵深处的记忆。

书中写到刘亭姐姐跟我父亲学掏粪，这事我记得。2006 年春节我去给光美妈妈拜年时，正好见到刚从美国回来的刘亭姐，她说起她跟父亲学背粪的体会时，手舞足蹈地比画着，极其兴奋，她给了我很大的教育。

书中写到万里伯伯来掏粪，我也知道。记得，万里伯伯来掏粪的时候，还摸过我的头，高兴地抱起我，鼓励我好好向父亲学习，做一个像父亲一样的人。现在几十年过去了，每逢过年过节，我都要去看望万里伯伯。代表我们全家向他老人家致以崇高的敬意，致以我作为晚辈的衷心祝福。

毛主席请部分全国劳模住进中南海的事，我也记得。父亲回到家，高兴得彻夜不眠，我们一家人都分享着父亲的光荣和幸福。把他的快乐说给所有的工友们听。这事现在仍然历历在目。

在 1966 年的国庆招待会上，我父亲和毛主席等国家领导人坐在第一桌，毛主席给我父亲夹菜，朱老总给我父亲夹菜，周总理也给我父亲夹菜。朱老总还说道："老时啊，你干着重体力劳动，不喝酒，要多吃点菜啊。"父亲给我们复述这些领袖们的话的时候，心里充满着暖意，脸上放着红光，那兴奋劲啊是几辈子都享用不完的！

我参加工作当掏粪工的第二年父亲去世。当我读到父亲去世的部分，眼泪一直在眼眶里打转的泪水终于喷涌而出了。我放下书稿，跑到卫生间擦洗。

1999 年时任国家主席的江泽民接见全国劳模时，紧紧地握我的手，说道："小时啊，你是子承父业，要好好的工作，为人民服务。"

胡锦涛总书记接见全国劳模的时候，握着我的手微笑着说："小时，向你妈妈问好！"

今年春节联欢晚会上，主持人把我介绍给全国电视观众，说明中央领导和全国人民没有忘记父亲时传祥，没有忘记为共和国做出贡献的劳模们。

我们家已经三代人从事环卫工作了。

现在大家都在纪念和学习时传祥精神，我作为时传祥的后代，更要起到模范带头作用。学好用好时传祥精神，把个人的成长进步同中国特色社会主义伟大事业，同祖国的繁荣富强紧密联系在一起，为实现中华民族伟大复兴而努力奋斗！

2011 年 9 月于北京

黄河岸边出生地

→ 黄河之子

★★★★★

在山东省济南市的附近有一个齐河县，齐河县城南方有个赵官镇，赵官镇的黄河北岸有个村庄叫大胡庄，大胡庄有一家贫穷的正当壮年的农民叫时圣茂。

时圣茂所在的大胡庄地处"黄泛区"，每年雨季来临，当黄河泛滥的时候，浩浩荡荡的洪水把庄稼吞没，房屋冲塌，人们呼天喊地，无以生计。每当大旱之年来临的时候，烈日炎炎，晒得土地干裂，禾苗枯萎，更是颗粒无收。在这灾难重重、暗无天日的年代里，贫穷的时圣茂带着一家人在苦难中忍受着煎熬。

1915 年，在北平发生了一件在中国近代史上有名的事件，中华民国大总统袁世凯向日本人屈服，接受了丧权辱国的"二十一条"，全中国人民被激怒了。

就是在这一年的 9 月 20 日，时圣茂家里添了一个小男孩，他带着清澈响亮的啼哭来到人间，向时家报告着一个吉祥的消息，全家人都异常高兴，笑逐颜开。

这个男孩子就是时传祥。他是时家的第四个男孩。大哥叫传文，二哥叫传武，老三叫传珍，到他这里，父母给起名传祥，就是传播吉祥、带来吉祥的意思。

时家世世代代以农耕为业，全家人靠着几亩薄田勉强度日。

父亲时圣茂在世的时候，时传祥度过一段快乐的日子。

父亲是大胡庄有名的种庄稼好手，他正直、勤劳，在村里人缘极好。时传祥整天跟着父亲跑，他跟着父亲干活，或是跟着三哥、带着小妹一起玩耍。在田头、在黄河岸边，到处都飘荡过他欢乐的笑声。

时传祥在父亲的呵护下逐渐长大。

他聪明早慧，遇事向前。村里的大人们全都喜欢他。在能跑着玩儿的时候，他就帮着大人干活，帮助妈妈烧火做饭，帮爸爸捡柴火、收庄稼，所以他是家里的甜心儿，爸爸常常把他扛在肩上。

他和别的男孩子最为不同的是，他时常坐在黄河岸边仰望天空，喜欢看彩云翻飞，喜欢自己一个人对着天空说话，有时候独来独往，神神秘秘。

大胡庄的老人们讲述过这样一件趣事：时传祥小时候头上顶着个筐子就能逮野鸭子。

这技术是父亲教给他的。

在奶奶生病的时候，父亲为奶奶弄来一只野鸭子，叫一家人都吃了顿美味。时传祥缠着父亲教会他逮野鸭子。

几个光脊梁孩子，业百、大憨还有一个小不点儿来找时传祥玩，下塘洗澡。时传祥说："想吃野鸭子肉么？俺会逮野鸭子。""想啊，可是俺们连野鸭子毛也逮不着啊。"他问他们："能不能找到一个篓子，戴到头上，游近野鸭子，抓。""没有，到哪儿找哇？没地方。"时传祥想想说道："俺有办法，跟俺来。"

三个伙伴跟着时传祥走，走到街上卖西瓜老汉啊咯爷爷面前。

啊咯爷爷是时家的长辈，与时传祥父亲关系极好。他正在把西瓜搬到车上往外运。时传祥说道："啊咯爷爷，俺们帮你搬西瓜吧。"他一挤眼，几个孩子就开始搬西瓜，搬完了西瓜。啊咯爷爷说："你们哪是来帮俺搬西瓜，你们是馋西瓜了吧？"他挑了一个大个儿的给了时传祥。时传祥把西瓜放在腿上，用刀子割开一个口子，变戏法似的从腰里掏出一个小勺。叫大家在他面前排成一排坐好。他用勺子向里边掏着吃瓜瓤，你一口，他一口，轮流着吃，最后自己也吃一口……四个小孩肚子吃圆的时候，大西瓜掏吃空了。

时传祥像一个将军，喊道："站好——队！齐步——走！"三个兵听话地按大小个儿排好队。然后，他喊着操，带着他们跑到水塘边。

这个水塘连着黄河，长着茂密的水草，是野鸭子最多的地方。他们脱掉衣服下了水，小心翼翼把西瓜壳放到野鸭子常常出没的地方，坠一个石头，让西瓜壳漂浮着。时传祥叫大家捋了许多草籽放在漂浮的西瓜壳里，然后上了岸。藏在草棵里看着，只等着水鸭子

△ 时传祥出生时的老屋

去吃西瓜壳里的草籽。

他们等到太阳西，等到肚子饿，也不见野鸭子去吃西瓜里的草籽。"四哥，怎么办？"小点的喊时传祥四哥。"祥子，没有野鸭子来。"大点的喊时传祥祥子。时传祥说道："走，回家吃饭，明天再来。"大家只好快快地各自回家去。第二天时传祥带他们再捋些草籽放进去。以后天天捋草籽放进去。可是这样天天放，天天不见野鸭子，哪有这耐心，最小的伙伴没有兴趣了，就不来了。他哪知道这才是逮野鸭子的基本方法。这方法是：让野鸭子吃惯了西瓜壳里的草籽，以后见了西瓜壳它就向西瓜壳游来，在它们没有防备的时候再逮。果然，七八天以后，时传祥放草籽的时候发现以前放的草籽一粒不剩了，一定是野鸭子吃了。他高兴地说："好哇，明天就可以逮野鸭子了。"

时传祥带着三个小伙伴去给啊咯爷爷搬了西瓜，又得到一个奖赏。这一回，时传祥将大西瓜切开，分成一大一小两块，吃了瓜瓤，把大块上边再掏一个洞。拿着它浩浩荡荡地出发了。

在路上时传祥把大块西瓜当做头盔戴在头上。可是，时传祥头大，怎么弄都戴不上，来到水塘边还没有戴成。业百说："四哥，让俺来，俺头小。"不仅仅是他头小，还因为他比较机灵，干这事正好。

时传祥说："在水下要沉住气。水鸭子来吃草籽的时候，不到跟前别动手。到了眼前以后抓住它的腿就往下边拽，不要松手。"业百说："知道了。"

说完，便在远处悄悄地下了水，然后悄悄地向水塘中间摸去。时传祥和其他人躲在草棵里远远地看着。只见大西瓜壳做的头盔在慢慢地移动，业百的眼睛通过西瓜上开的口忽灵灵地转着，向水鸭子们的活动处渐渐地接近，渐渐地接近……时传祥看得清清楚楚，一个野鸭子傻乎乎地游来了，后边还有几只。高兴得心都要跳出来了。他在说：等近了，再动手。等近了再抓！可是，可是……野鸭子在水里挣扎，乱打乱拍……没经验的业百、着急的业百、成事不足败事有余的业百，他慌了手脚。没等水鸭子靠近来，就扑上去，就向水鸭子冲过去，就伸手去抓……他没有抓牢，往下拽，水鸭子扑棱棱地挣扎出水面，业百就乱抓乱打，水花飞溅……一阵搏斗之后，啪啦……野鸭子逃出业百的掌控，溜着水面跑，然后，飞上天空，逃走了！

一只野鸭子飞走了，所有的野鸭子啪啦啪啦一阵惊恐，全都飞上了天空！

那是一顿肥美的肉香啊！盼了很久的水鸭子梦随之也结束了！几个朋友差点儿把业百打一顿。时传祥把大家劝开，安慰了低头夺脸的业百，答应以后逮野鸭子给大家吃，才算完结。

在父亲活着的时候，时传祥有过一段灿烂而愉快的童年生活。

➡ 苦难的童年

★★★★★

赵官镇的赵老官是镇上的有钱人，家里开着一个银号。这年，临近年关的时候，他看到时圣茂老实勤快，就劝他出去贩猪。

他说："快过年了，齐河县屠宰行正要收猪。叫上你家的传祥，把我买的猪群，赶到县里卖。管你爷俩吃住，另发两天的工钱。最好，你也贩几头，一起赶去卖，你的猪赚的钱全归你。"

时圣茂想了想，觉得挺合算，就问道："好倒是好，可是我没钱啊，我怎么贩猪？我还是只给你赶猪吧。"

赵老官又说："你傻不傻，我是干啥的，开银号的。我贷给你钱，你去四乡里买猪，一起赶到县城里卖了，一结账你就还给我，本利还清。三五天之内，你就赚够过年的钱，甚至连整个过荒春的钱都赚回来了。"

时圣茂想了想，觉得可以干。

他当时就在赵老官写好的文书上画押、按指印。然后高高兴兴回了家。按预定的时间，拿了钱，买了三头猪，赶到赵官镇。

赵老官不出面，叫他的侄子出面。这个人是个好吃懒做、游手好闲的浪荡公子。他带着人四乡里走，几天中收购了五十多头猪。加上时圣茂的三头，一起向齐河县进发。

赵老官的侄子根本不干活，看着脾气犟的猪从他的脚前跑了，他也不伸伸腿管一下。

父亲左轰右赶，天黑的时候才走到一个镇上，本来一天的路，得走两天。他们住下以后发现赵老官侄子买的猪里有病猪，到这儿不一会儿就病倒了一头，赵老官的侄子就不准时传祥父子睡觉，待在猪圈里看猪。

第二天赵老官的侄子叫时圣茂背着那头死猪往县城赶路。到了县城又死了一头，赵老官的侄子硬说病猪是时圣茂买的，猪群又是时圣茂父子赶着，晚上又是时圣茂父子俩看着的，猪死了他们得认倒霉。

五十头猪死两头，还能弄个不赔，三头猪死了两头猪，可就血本无归了！赵老官的侄子要把他的损失转嫁给时家父子。时圣茂一听赵老官的侄子要坑人，呼地一声气倒了……

卖完猪，一结账，赵老官硬逼着时圣茂还钱，几个打手气势汹汹地喊着："没钱，就拿地来顶。"赵老官拿出时圣茂画了押、按了手印的文书，把时圣茂拽到县衙。

县长三问两问，就判了：时圣茂立即归还赵老官的贷款本息，可以拿地来顶债……时圣茂一把鼻涕一把泪地哭着，时传祥气得浑身直哆嗦。

时圣茂给他们跪下，时传祥指着他们骂，全都没有用处，打手们推推搡搡地把时圣茂和时传祥赶出县衙……并且说三天以后去时家收地契。

时圣茂不久就被气死了。

那时，是地主恶霸、官僚资本家的天下，没有穷人的活路，时家到哪儿去说理？

时传祥永生都忘不了这笔血债！

福无双至，祸不单行。时传祥父亲去世后，加上连年遭遇灾荒，地里的庄稼人眼巴巴盼望的麦季和秋季颗粒无收，人们开始吃草根，扒树皮。许多人家开始外出逃荒寻找活路，时家人也在商量着如何渡过难关。

把两个哥哥出嗣给别人，家里少了两张吃饭的嘴。

那时，三哥时传珍已经去了北平。家里还有一个弟弟两个妹妹，他们要吃没吃，要喝没喝。娘狠狠心要把妹妹送给别人当童养媳。

这时的时传祥已经 14 岁了，他望着全家人愁眉不展的面容，心里很不是滋味，思忖再三，他做出一个大胆决定：去北平，闯一条生路！

时传祥最先和妹妹商量。妹妹梅梅比他小一岁多，他们俩关系最好，能玩到一块儿，也是父亲最疼爱的小兄妹俩，父亲时常一手一个，把他俩抱在怀里。

时传祥把妹妹拉在柴草房里，说："妹妹，我想去闯世界。"

妹妹说："四哥你不要走，我走。"说着眼圈就红了。

时传祥忙问："为什么？"

妹妹说："我悄悄地听到妈说，把我卖到山里去，去给人家当童养媳。"

"不！你是妈的心肝，妈不让你走，我也不让你走。"

"我们谁都不能走，我们都是妈的心肝。"

小兄妹俩哭了一会儿，不再说话了。腊月二十三，灶王爷上天的那天，时传祥还在睡梦中的时候，妹妹被山里人带走了，走时她哭着喊着四哥的名字，不想离开家。

当时传祥知道的时候，已经很晚了，他们兄妹没有见上最后一面。他抱着母亲哭，母亲抱着他哭，一家人哭成一团……

时传祥把要出去闯世界的决定告诉了母亲。母亲眼泪哗哗地流，说道："也罢！孩子啊，到北平去找你三哥，亲哥俩互相有个照应。再不行了，你哥俩都回来啊！孩子！"

时传祥说："妈妈，放心吧，俺会好好干活的，俺能养活自己。"

时传祥带着母亲给他做的七个玉米面大饼和简单的行李出发了。

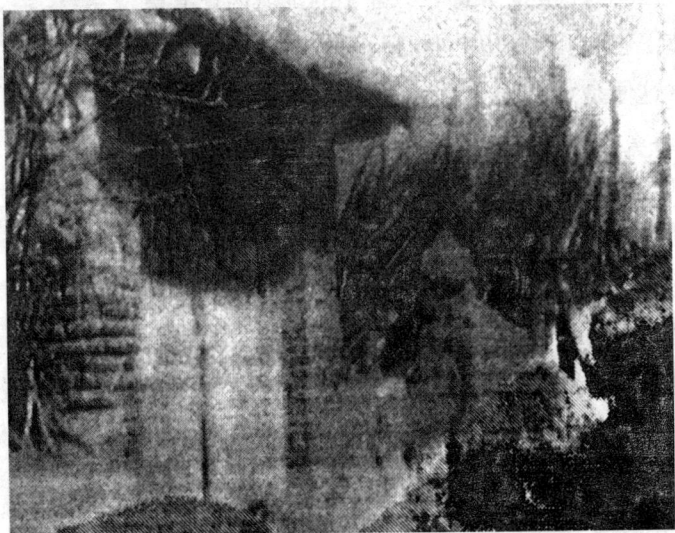

△ 山东齐河县大胡庄时传祥的故居大门和残破的院墙

　　这天是大年初三。临行前，母亲陪他来到父亲的坟上，时传祥向父亲磕了三个头，跟父亲告别。母亲在父亲的坟上抓了一把土，用一块干净的布包好，装到时传祥贴身的衣服里，让父亲保佑他。告诉他在外边水土不服时，可以拿出来冲水喝，治拉肚。

　　然后，时传祥依依不舍地踏上去北平的路。

　　北平，是个什么样的地方呢？

　　是个非常美丽而且神秘的地方。在距今70万年前，北京猿人就生活在北京西南郊周口店的山洞里，北平是人类发源地之一。

　　北平形成一个城市已有三千多年的历史，公元前1045年北平成为蓟、燕等诸侯国的都城。公元前221年秦始皇统一中国以来，北平一直是中国北方重镇。1267年，蒙古族首领忽必烈下令在中都城的东北郊筑建新城。四年后这位首领即在兴建中的都城内登上皇帝的宝座，建立了中国历史上的元朝。1276 年新城全部建成，这便是意大利旅行家马可·波罗在游记中称之为"世界莫能与比"的元大都。从此，北平取代了长安、洛阳、汴梁等古都的地位，成为中国的政治中心，并延续到明、清两代。1949 年 10 月 1 日，中华人民共和国成立，北平改为北京，成为新生的共和国的首都。

钟灵毓秀的北京孕育了一代代风云人物、英烈先贤。依山傍水的土地承载着中国的历史沧桑、荣辱浮沉；日月轮回，寒暑交替，这里的劳动者编织着自己的无尽的日子，滋养着农耕文明的历史，哺育着燕赵大地的灿烂文化。

当年，摆在时传祥面前的是一副什么模样呢？

时传祥面临的是一个满目疮痍，到处充满着社会不公的大都会。

时传祥一路讨饭，一路打听，人们告诉他：沿着铁路一直向北、向北。每天吃上几口东西他就走。这样的磨难一般人是受不了的，其他的半大孩子先后都折回了家，只有他一个人坚韧不拔地走着，几次饿昏又爬起来继续走。

13 天后，他到达北平哈德门外城郊再也走不动了。他又饿又冷又累，在一个平房小街的转弯处晕倒了……

这是唯一的生路

⟶ 当了掏粪工

★★★★★

　　一个掏粪的老头儿走到这里，发现他还有口气，就把他抱回家去，做了一碗姜汤给他喝了，时传祥才活了过来，老头又把四个杂合面饼子给他吃了。

　　老头儿看见这个又活过来的孩子，心里升起无限的怜悯，说："孩子，你都饿枯啦，看现在才有模有样了呀!"说着，老头儿搂着他瘦弱的身子哭起来："我小时候也像你这样倒在路边，差一点儿死啦!"

　　这位掏粪老大爷叫石加斋，后来成了时传祥的师傅。

　　按照母亲给他的地址，石师傅带着时传祥，向三哥时传珍家走去。虽然不在一个粪道上，但是地方不远，很快就找到了。这是一个四边透风的牲口棚，他们进了门，找到了三哥，兄弟俩抱到一起就哭。

　　三哥时传珍也是干掏粪这一行的，他说："这里的粪霸坏哩，老四啊，掏粪工作不是人干的。"

　　可是找不到别的工作可干啊，只有当掏粪工。

　　石加斋师傅说："老四，自古都说：男怕入错行，女怕嫁错郎。你可想好了。"

　　时传祥说道："师傅，这不眼瞅着没有咱穷人干的活儿么，我不能老是白吃饭啊。"

三哥说："那我就给东家说说看。"

第二天，三哥神色灰暗地对时传祥说："东家不是人啊，丁点儿人性都没有。老四，再想别的办法吧。"

石加斋说："明天我带你去见哈德门外的老板，那是另一条道上的老板。你虽然年岁小，可是个头还能蒙蒙。跟着我，少干点儿，等再长几年就好了。"

第二天，他们去见了老板。

老板姓李，名叫李元才，是个又白又胖又谢顶的老头。他上上下下打量着时传祥，心想，这个小家伙个头还可以。他说道："我这里不养闲人，能干你就在这儿干，不能干你就走人。照规矩，头一年没有工钱。我看你还是个孩子，照顾你，玉米面窝窝大家多少也给你多少。"

时传祥没有仔细想就答应了。

就这样，14岁的时传祥背起了比他的身体还重一倍的粪桶，过早地负担起了人生的重担。那时清掏厕所主要靠人工来做。时传祥的工作就是每天用粪勺挖、用粪罐提、用粪桶背、用粪车运、用毛驴车拉，把大粪拉到郊外的粪场。老板收取住户的清掏费。大粪拉到郊外晒成粪饼后，庄稼人买回去上庄稼。老板两头赚钱，出力受苦的就是掏粪工人。

时传祥首先要学的是推独轮车。独轮车只有一个轱辘，两边载重，不会推的，车子走不了，还要往一边倒，必须用双臂双手把紧车把，两腿张开，在感知车的某一边重了，要向那边倒的时候，立即摆动身子，调整用力方向，稍慢点儿，车就倒了。

师傅说："'推车没有巧，只要屁股扭得好。'你要练，先练空车，再练重车。重车有四五百斤哩。"

时传祥无法掌握独轮车的平衡："师傅，你看，一起把，就要倒。你看你看……""哐"的一声，独轮车倒地了。

师傅帮他扶起独轮车，演示着："要俯下身子，往前推。你看清啊，瞧，小车不倒只管推，在推动中调整用力，在往前走中扭动屁股。啊，来，再试试。"

经过一次一次的失败，时传祥终于学会了推空载的独轮车，不久又学会了推载重四五百斤重的车。

第一天掏粪，师傅咋干他咋干。

学掏粪，先学背粪。师傅说："你这样学不得要领。你用你使惯的劲，不行。"

时传祥说："俺就右边有劲。"

师傅说："要左边用劲。这样，看着，左腿弓下去，用右手挽住粪桶把子，叫一声'起！'这一声要喊出声，不窝气。瞧，'起！'拼命把粪桶提起，放到左腿膝盖上，然后，伸进左胳膊，叫声'上！'左腿往上站起，右胳膊一送，那粪桶就在左肩膀上背起来了。背起来之后，用小碎步走路，大粪不溢不溅。来到粪车边，一扭身挨着粪车的粪箱将粪桶靠稳了，顺着这个身体的姿势，右手稍一帮点力，大粪就顺利地倒进粪箱里了。这个过程很顺，左肩膀总是背桶的，右胳膊总是使劲帮衬的，一左一右，乱不得一点，这样才最顺劲，也才最省力。你换成右边背，到粪车这儿之后还得倒到左边，多一道往左边倒的工夫，费劲，费时。来，你先把空桶当重桶背一次。"

时传祥自己做了一遍。

石师傅说："基本要领就是这些，然后干中去休会。这是个技术活，掌握了掏粪背粪的技术要领，身上一点粪也没有。我掏了几十年了，我身上就没有溅过一点粪星子。"

时传祥诚恳地说："师傅，我记住了。"

时传祥跟着师傅干。几个人一组负责十几条胡同，一天清掏一条胡同，十天轮一遍。石师傅教他怎样干活，怎样把脏活干成"不脏的活"。石师傅说："你年纪小，身子还没有长成，能干多少就干多少啊，尽力就好。"

石师傅教时传祥使粪勺、装粪、背粪，纠正他如何走小碎步，如何保持平衡，保持粪桶不撒也不歪。他说："老四啊，要注意两躲开，一躲吃饭时，家家户户吃饭的时候，咱们不要去掏粪；二躲上下班时，人家穿得干干净净出出进进，咱们不要去掏粪。"

旧时的北平城道路非常难走，时传祥每天推着送粪的破轱辘独轮车，从城里到郊区，每趟来回差不多三十里，常常是"一步三歪，步步打转"。

无论刮风下雨，严寒酷暑，他都要每天往返至少四趟。

这一天，有个头没年岁的时传祥，推着满满一车大粪向回走，到了胡同西口过马路，刚刚上了有轨电车的电车道，车子一歪，失去平衡，他赶紧照师傅教的方法使力，可是他使出了平生所有的力气，也没有使车子稳住。

师傅在前边拉襻，感到后边不对劲，反身看时，已经救不及了，车子"哐"的一声，倒了，粪箱盖摔开了，一车大粪全都撒到马路上了。

巡警看见之后，走到惊慌失措的时传祥身前，二话不说，给了时传祥几个大巴掌，然后，抡起警棍劈头就打。时传祥抱着头在地上躲……师傅跪在地上求饶……路上的行人多了，大家看时传祥还是个孩子，就劝那个巡警。巡警才住了手。

巡警逼着他，用水把街路冲洗干净，才算完。

天色很晚，时传祥跟着师傅来到师傅家里。

石大娘问是怎么回事，时传祥简单地说了说，他们扒开时传祥的衣服看，身上尽是紫印子、淤血块子。大娘一边看一边掉眼泪："唉，没法子，在这个世道里，掏粪的哪有几个不挨打的。整天准点出去，没有准点回来，说不定啥时候就会挨一顿打，小小的年纪，咋办呢？"

穷苦的人们没有别的路可走，他们只能忍受着欺负凌辱，继续干下去。

他们的工钱少得可怜，一个月老板收取住户"卫生费"，只这一片就一百多块，老板所管辖的四五片，收入有好几百，可是给时传祥他们最多三块银元。

他们住的地方更是简陋，十三个伙伴跟一头驴睡在一起，即使这样的住所还时常待不住。他们常常是吃在马路上，睡在马路上，头枕半块砖头就能睡，一条破棉裤补了又补，补成了百宝衣。

→ 师傅之死

★★★★★

时传祥渐渐长大，个头高了，力气也大了。他为人忠厚诚实，干活不惜力气，受到很多工友们的喜爱。

这天中午，开饭的时候，一个穿得十分周正的管家推着一个独轮车来到院子里，车上放着一个筐箩，筐箩里盛着玉米面大饼。

按粪场老板的规定，掏粪、推车的，包括赶毛驴车的每人每天六个玉米面大饼，拉襻的每人每天四个。时传祥的师傅年老体弱，是个拉襻的，只能领到四块大饼，显然不能维持生活。

可这天，他连四个大饼也领不到了。管家抬头看是石加斋时，把手缩回去："你怎么还在这里？这里没你的份儿。"

石师傅说："我干活了。不到年底我不能走。"

管家："你还能干活么！连走路都走不稳当，还能干活么？"

"我拉襻了。"

时传祥帮着石师傅向管家申诉："我师傅拉襻了。工友们哪个没见？"

"是啊。老师傅给时传祥拉襻了。"工友们一起说道。

"石师傅为老板干了一辈子，到老了，老板就卸磨杀驴，一脚踢开了？"

"我们都不要了，不干活了。"

可是管家没有丝毫的动摇，不给任何照顾，断然拒绝了大家的理由："谁不干？说！谁不想干了？"

时传祥站出来，硬邦邦地说："我不干了！"

"我也不干了。"

"我们大家都不干。你要怎么样？"

管家一看这阵势，犯了众怒，回去不好给老板交代，他退缩了："啊，啊，既然、既然这是大家的意思，那就按拉襻的发。"

他从筐箩里拿出来四个玉米面大饼，给了石师傅。

时传祥和石师傅的关系就像父子一样。他知道石师傅身体有病，家里还养着三口人。时传祥把自己的玉米面大饼拿出了两个。

"石师傅，给你。好好养着啊。"时传祥扶着师傅安慰道。

时传祥的行动感染了大家，大家都来帮助石师傅。

"石师傅，我也给你一个。"

"还有我，也给你一个。"工友们纷纷把自己的大饼往石师傅的手里塞。

你一个，我一个，不一会儿石师傅的筐里就堆满了。

"哎哎哎，"管家把大家拦住，"你们这样做，老板知道了要扣你们的口粮的。你们以后不想吃六个了？快收回去，收回去。时老四，这一次又是你带的头，人不大，心不小，从明天起每天扣你一个。还有你们大家。"

石师傅含着眼泪拦住大家，说："不能罚大家，不能罚大家。只我一个人少点，没啥。我谢谢大家了，谢谢，谢谢。"他千恩万谢地把大家塞给他的玉米面大饼还给大家。

时传祥低声地说："你拿着，别推让了。俺们再向老板要，他不敢不给。"

第二天，工友们依然是原来的六个，触犯众怒，吃亏的是老板自己，再少了，大家不干活儿，受损失的还是老板自己，这个账老板还是算得清的。

从这一件事起，工友们知道了时传祥的脾气，仗义，有志气，有胆量。

第三天早上，石师傅没有来上班。

傍黑的时候，时传祥吃完了饭，揣上他为石师傅节省下来的两个玉米面饼子，就向石师傅家走去，走进那个小院的大门，就感到气氛不对。院子里一堆人在唉声叹气。他拨开人墙，喊着："师傅！师傅！"

人们在小声地说："老四还不知道，哪还有师傅了！"

师娘在床上躺着，由几个女人伺候着。时传祥跪到床前，他问师娘："师娘，师娘，我师傅呢？"

师娘一见时传祥来了，眼泪又一次地流了出来，他拉着时传祥的手，说："老四啊，我就等着你来哩。快去为你师傅收尸啊！"

"这是咋回事，这是咋回事？"

一个老头哽咽着说："老四啊，老板嫌师傅老了，

△ 劳动者的姿态

硬是不让他上班。昨天晚上，你师傅去求老板。从老板那里出来，就没有回家，今天上午有人发现他死在乱坟岗上。那是饿死的、冻死的，是老板逼死的呀！老板卸磨杀驴，见石加斋老了，没用了，就一脚踢开……"

时传祥听了这话，心中燃烧着火焰，义愤填膺。他攥紧拳头，狠狠地打在自己的腿上。他有苦没处诉，有仇没处报。

时传祥叫上几个工友，处理师傅的后事。

两天后，一个清冷的早晨，时传祥来到师傅家，为师娘带来一点吃的。他推门进来，吃惊地发现师娘吊死在房梁上！他呼天抢地，哭得死去活来……

老板本想，来了一个年轻的，撵走一个老不中用的，挺合算。他哪里知道，时传祥一眼就看穿了李元才恶毒的计谋，他摔耙子不干了。

时传祥骂道："李元才，你把俺师傅的血汗榨干了，就赶走完事。你好没良心啊！"

老板没有丁点的回心转意："我这儿又不是养老院，能干的干，不能干的走人，这是天底下到处通行的道理。有什么不对的？"

时传祥忍无可忍，心中的愤怒一下子便爆发出来了，将手中的粪勺甩到李元才的头上。

李元才躲开了这有力的一击。

老板告时传祥打人，警察来了，把时传祥带到局子里狠狠地打了一顿才放出来。

他在驴棚里养了两天伤，想了两天，他的结论就是："不在这儿干了。"

老板李元才并不在意，时传祥辞工就等于前几个月白干了，老板不花一分工钱白使了几个月，这不是挺合算的？再说了天底下有的是人，不愁找不到掏粪的。

→ 婚 事

★★★★★

新的粪场老板更惹不起，是个吃肉不吐骨头的家伙。

新的老板在姚各庄有一个很大的院子，老板住在五间正房里，东屋是厨房，西屋是一个大棚子，大棚子里住着十多个工友，还有几头驴和掏粪所用的工具。冬天不挡雪，夏天不挡雨，加上粪桶的气味、驴粪的气味、干草湿草的气味混在一起很难闻，环境极差。

时传祥很快就和大家熟悉起来，大家都听说过他的仗义和正直，又见他一米八的魁梧身材，都觉得似乎有了主心骨，有了依靠。

大家为时传祥讲了许多老板史凤群的事，时传祥总结说："这不活像一个笑面虎么？"

老师傅们说："老四，你千万要小心，别叫他拿住话把子。"

时传祥说："谢谢师傅们，我吃饭干活，没有什么话把子叫他拿住。不过，俺新来乍到，一切还望师傅们多多提醒，多多包涵。"

在这里他认识了一个特别好心的李师傅，师徒俩脾气性格特别投缘，干活也在一个线上。

1938 年，23 岁的时传祥已经是一个大小伙子了。家里母亲来信说给他找了一门亲事，要他回去成亲。

这一天，时传祥鼓足勇气，来到老板的办公室，说："东家，我想回去一趟。"

老板史凤群一脸不高兴："你才干了五六年就请假？"

时传祥说："家里来信了，有事儿。"

"胡说，有什么事要你来办？"

时传祥说："我妈给俺说了一房媳妇，要俺回去成亲。"

"什么？"

"把今年的工钱给俺结结，俺回去结婚。"

"屎壳郎、粪花子还要娶媳妇？谁家的姑娘能跟你个粪花子当媳妇！干活去吧！干活去吧！"

老板不准，时传祥没有请下来假。可是，母亲来信说好日子已经定了，怎么办？他只能听老板的。他找人给家里写了一封长信，劝母亲改换日子。

半个月后时传祥收到来信，说预定农历四月初十，是个黄道吉日，因此不能更改，婚期如期举行。

时传祥第二次向老板请假，还是不准。

没有新郎婚礼怎么举行？

赵官镇一带有一个风俗：选好的吉利日子是不能变的，变了夫妻双方一辈子都不顺。日子眼看就要到了，母亲着急上火地整天在村头向大路上张望。

可是，她等啊，等啊，在好日子的前一天，等来了儿子的第二封信——还是不能回来。

按照风俗，没有新郎也可以成亲：新媳妇抱着大红公鸡拜天地。

1938 年四月初十，吉利的日子到了，时家只好让本家一个半大小子抱着大红公鸡来迎接新媳妇，把新媳妇迎到堂屋三拜天地，然后，把大红公鸡交给新媳妇，让新媳妇抱着大红公鸡入了洞房。

家人用一种奇怪的礼仪完成了时传祥的婚事。

那天晚上，时传祥躺在哈德门外姚各庄的一个极其简陋的屋子里，反反复复睡不着，他两眼愣愣地直视着屋顶，在心里想象着自己妻子的模样，她到底是个瘸子，还是个瞎子，绝不会是一个美女吧，因为，没有任何一个全全欢欢的姑娘会嫁给粪花子的。

半年以后，秋天来了，老板终于给时传祥结了半年的工钱，准了他的假期，让他回家探亲。时传祥急匆匆地赶回了山东老家。

进了大门，先问候娘，再看望哥哥嫂嫂们，拜谢了亲戚邻居们，然后去见未曾见过面的妻子。

嫂子带着他，来到厢房里，见到新媳妇，说道："秀秀，这就是你的男人，他回来了。"

时传祥忐忑不安地望望他们的"新房"。厢房里布置一新，迎面堂上贴了两个大"喜"字，条几上燃放着一对鲜艳的红烛，八仙桌右位的椅子上坐着一个15岁的小姑娘，这就是那位和他已经"结婚"半年多却第一次见面的妻子———一位既不瞎也不瘸的美丽大方的农村姑娘。

他看见在临窗的小桌上，还放着那个大红公鸡和一把切面刀。他知道他该干啥，因为母亲告诉过他。于是他抓起桌上的切面刀，挥起来，只见寒光一闪，手起刀落，将那个曾经代表他和妻子拜堂的大红公鸡"一刀两断"，然后将它扔到窗外。

回头再看那位姑娘，捂着脸，趔着身，害怕得往墙边躲。

时传祥把自己的媳妇抱到床上，新媳妇仍然惊魂未定，害怕地捂着脸……

新媳妇名叫崔秀庭，也是一个穷人家的孩子，不缺胳膊不缺腿，面如圆月，身材婀娜。那时节兵荒马乱，农村盛行早婚，15岁的姑娘结婚属于正常现象。

新娘是附近崔桥村的，姑娘的父母请人合过八字，托人打听过时传祥的家庭情况，知道时家祖祖辈辈都是积德行善的正经庄稼人，靠几亩薄田度日，在乡邻里口碑极好。他们还打听到时传祥是个掏粪的。

姑娘的父亲说："什么都好，可惜女婿是个掏粪的。可惜了我家花儿似的秀秀了，一朵鲜花插到牛粪上了！唉！"

可姑娘的母亲说："你叹什么气。牛粪咋的，长得更旺盛，我家秀秀有福气了。"

后来的事实证明，他们的婚姻非常美满，崔秀庭相伴着时传祥度过了最平凡又最不平凡的一生。

→ 猫食盆子

★★★★★

时传祥在家里住了半个月就返回北平了。

在旧中国，城里人的居家生活虽然离不开掏粪工，却又非常瞧不起这一职业。

这一天，时传祥给六部口的一个大律师家掏粪，想讨口水喝。他的两个师傅都讲过，他们这一行一般不在户家喝水吃东西。可是这一天他感到身上总是腻腻歪歪的，像大病前的那种感觉，他想喝口水解解渴。

掏完了粪，他向主人家讨水喝，这家的阔太太飞快地赶回厨房，藏起了水瓢，盖严了水缸，指着地上喂猫的盆子，让女佣用这个东西给他盛水。

女佣用猫食盆子盛了水，端给时传祥。

时传祥看看那盆里的水上还漂着一只半死的苍蝇，盆底有鱼刺，心里立刻变得刚强起来，他想道：俺就是病死渴死，也决不喝这个盆里的水。

他扭身走了。

这件事发生十天后，时传祥第二次走到这家大门前时，他站在门口犹豫着，他想起了猫食盆子里漂着的半死的苍蝇和鱼刺，他怕再次遭此歧视和白眼，便匆匆地离开这家的大门，向下一个该掏的茅房走去。

又过了半个月，他依然没有进这家门。

又过了半个月……

两个月过去了，抹不去的阴影仍在他心里，挥之不去。

这天一大早，他像往常一样，推着独轮车，开始一天的工作。独轮车发出吱吱呦呦的叫声，这声音响到大律师家的门外时，突然，大门打开了，站出来一个文质彬彬的男人，他就是这家的主人——韩律师。

韩律师客客气气地迎上来，说："老四，你来了！快进来，快进来。"

时传祥本来要匆匆而过的，遇到这样的主儿，只好什么话也不说了，职业道德使他停下了独轮车，放下襻带，背起粪桶，走进院里。

在他从这个姓韩的身边走过的时候，他分明听到韩律师说了声："上次的事，对不起。"

时传祥没有说一句话，心却在怦怦地跳，他活到二十多岁，一米八的个子，头一次觉得像个人样啊！时传祥激动得胸膛呼呼地起伏着，脊梁骨也不由自主地挺了起来。

这件事使时传祥深刻地意识到，人与人之间是需要相互理解和尊重的，职业并不是划分高低贵贱的标准。

从此，时传祥在心里树起一个信念，不能求着人家为人家干活，要站起身子干活才是做人的样子。

时传祥"宁愿站着掏粪，决不跪着干活"的思想就是在这一天形成的。

→ 日寇的枪托，美国兵的吉普

★★★★★

九·一八事变后，东北沦陷，接着整个北平和华北都在日本帝国主义的铁蹄之下。

粪霸逼他去日本兵营掏粪。

初冬的一天，时传祥满肚子不愉快地推着破轱辘独轮车一步一挨地向姚各庄日本兵营走去，在走近站岗的日本兵的时候，他有意放慢了自己的脚步。让两边站岗的鬼子兵多闻一会儿车上的"香味"。

日本人规定，凡是中国人进门都要接受搜身检查，都要脱帽敬礼，时传祥才不呢！他双手推着独轮车，径直地往里走。日本兵吆喝一声，命令他停下接受检查，摘帽敬礼。

时传祥装作听不懂，不理不睬。日本兵举起枪托向时传祥打来，时传祥早有准备，他一晃身，把大粪车朝向日本兵。这个日本兵没有打着时传祥，身体失重，自己扑到大粪车上。恼羞成怒的日本兵，嘴里喊叫着向时传祥扑来，时传祥左躲右闪，那个日本兵根本够不着他的边儿。

"哈哈哈……"看热闹的人哄笑一片。

另一个站岗的日本兵喊叫着上来了。时传祥赶紧拉着车子跑，可是有更多的日本兵堵住了他，几个日本兵围住他，用枪托把他打得遍体鳞伤。

工友们得知后把时传祥抬回住处，大家纷纷地大声骂那些毫无人性的野蛮家伙。

当他们听了时传祥的叙述之后，大家都为时传祥竖起了大拇哥："四哥，好样的。"

从此，他们拒绝去日本兵营掏粪。让日本人自己"干净"着去吧。

可是，老板不干了，他来到时传祥住的棚子里，说："时老四，又是你给我惹的祸，警察局来了，你去应付吧。"

李师傅说："老板，咱们老四没惹事啊。"

"他没惹事，警察局来干啥？"

时传祥说："老板，话不能这么说，是他们先动手欺负人，我两手推着车子，哪有工夫打人，是他们五个人打俺一个，是他们把俺打伤的。"

老板说："我知道，谁给咱讲这个理？算了，我已经打发警察走了。不过是花点钱罢了。我花的钱，得扣你的工钱来补。以后再惹事儿，我可就没有办法了，那就不是扣几个钱的事了，你得到局子里吃不掏钱的饭了。"

时传祥说道："工钱你可以扣，他们要抓人俺也可以去，俺怕啥，但是从理儿上讲俺没有丁点错，俺们虽然是掏粪工，但俺们不比别人低一等，俺们站起来照样是堂堂七尺大汉。"

"我们这一行就是比别人低一等，被人瞧不起啊，掏粪的！"

时传祥斩钉截铁地说："掏粪就掏粪，掏粪咋的。叫俺去也可以，得一个礼拜以后，等俺休息好了再去。还有，不给他们敬礼，不准他们打人，不准他们以多欺少。"

后来，工人们团结一致，罢了三天工，逼着老板答应了他们的条件。

从此以后，时传祥和他的工友们分成小组，结伴而去，进出日本兵营再不用鞠躬行礼了。日本兵成立一个仪仗队，站在两边目迎目送着掏粪工人。掏粪工人大模大样昂首阔步走进走出。时传祥为大家争得了挺直胸膛、直着腰板进出的权利。

日本投降之后，城里又住进了美国兵。可是美国兵更不好惹，他们开着吉普车在街道上横冲直撞，到处惹是生非。

有一次时传祥推着破轱辘的独轮车向六部口方向走去，车上的两个大粪箱装满了粪便，车轱辘发出沉重的声音，他尽量慢行，让行人自己躲开。

对面开过来一辆疯狂的吉普车，车上的美国大兵举着酒瓶，狂饮烂醉，哈哈大笑。时传祥小心地把粪车停在路边，让出足够两辆车相对而行的位置。可美国兵的吉普车还是"呼"的一声撞过来，粪车被吉普车撞翻了，车把翻过来打在时传祥的腿上，打得他当即就躺到地上，不能动弹。粪车翻到路边，车坏了，粪箱破了，大粪在马路上横流。美国大兵却哈哈大笑着扬长而去。

时传祥心里的火不打一处来："暗无天日，不讲道理，没法干了! 听说山东老家已经解放，穷苦大众已经当了主人。回去投奔解放军! "

他一瘸一拐地回到粪场，去见老板，他说："老板，俺娘捎信来，她生病了，要俺回去一趟。"

老板压低声音问："你想不干了? 是不是? "

"是。怎么了? 不行么? "时传祥硬硬地回答说。

"不是不行。听说山东已经解放，你是不是要回去投解放军? "

时传祥一下就警惕起来，质问他："你啥意思? 你想干啥? "

"我的意思是，这里还是国军的天下，你还是小心点好。"

时传祥没有听出老板的话外音。

老板偷偷地告密了。

时传祥被叫到警察局。警察审问时传祥：交代你私通解放军的事实。

时传祥没有什么"交代"的，他们就抡起皮带抽，打得时传祥浑身是伤，最重的伤是在头上，有一个皮带扣扎进头骨里，血流如注，满头满脸都是血，把眼睛都糊住了，时传祥晕了过去。

后来工友们赶到，把时传祥保了出来。

解放后的掏粪工人

➔ 回望苦难

⭐⭐⭐⭐⭐

1949 年 2 月北平和平解放，旧的北平市不存在了，新的北京市人民政府成立了，原来的哈德门改为崇文门。时传祥迎来了新的生命。受尽苦难和翻身解放的巨大反差，使他对共产党、对人民政府充满了热爱，并决心用自己的全部心劲报答党的恩情。

1951 年 11 月 15 日北京市粪业工人工会召开全市《清算粪霸罪行，庆祝政府接管粪道》大会。那个难忘的早晨，时传祥腰里别着两把斧头进入会场，二十几个昔日横行霸道的粪霸被武装警察押进了会场，其中也包括粪霸史凤群。

愤怒的口号声震天动地。时传祥作为工人代表上台控诉粪霸的罪行，他声泪俱下地控诉了粪场老板们欺压百姓和逼死、活埋工人的罪行。

说到激动处，他把腰里的两把斧头抽出来，高高地举起，指着这些恶霸喊着：

"打倒吃人的魔鬼！杀了这些粪霸！为死在他们手下的工友们报仇！"

台下呼应着："打倒吃人的魔鬼！杀了这些粪霸！为死在他们手下的工友们报仇！"

胸中火焰在燃烧，愤怒的情绪沸腾了！

主持会议的人担心时传祥的斧头，因为这些粪霸一个个该杀，可是，不能这样"杀"呀！他们不由得站到时传祥的身边来，一旦时传祥的举动过火了，他们就能够适当地制止。

时传祥头脑清醒，他没有把自己的斧头向恶霸们的头上砍去，只是在桌子上拍了拍，就又插回腰间。

二十几个罪大恶极的粪霸当场逮捕，其中四个双手沾满掏粪工人鲜血的、不杀不足以平民愤的依法判处死刑，执行枪决。

掏粪工人们扬眉吐气了。

农历十月初一这天，时传祥带着香烛和纸钱来到坟地，看望他的师傅石加斋和师娘，在他们的坟前烧化了纸钱，浇了三盅酒。

时传祥告诉师傅："师傅，徒弟时传祥向您报告一个消息：逼死您的粪霸已经得到了应有的下场。这不是徒弟的功劳，这是共产党毛主席的功劳。"

时传祥这时已是两个儿女的父亲了。他请了几天探亲假，回老家看看。

早晨从北京出发，下了火车倒汽车，当天就到了，傍晚时候走到大胡庄的村口上。

"爸爸回来了！"

从树丛里冒出几个孩子的身影。他们向时传祥跑过来，时传祥认出来了，这是他的儿女们。"爸爸，妈妈和奶奶叫我们来村口等你。"

"好孩子，咱们走。"

他抱抱这个又抱抱那个，拉着他们的手回了家。

回到家，母亲从堂屋里迎出来，时传祥向母亲跪下："妈！"他向母亲磕头，母亲把他扶起来，喜得眼泪都流出来了。

两个出嗣的哥哥和嫂嫂也回来了，侄儿们大大小小也都出来了，院子里立刻沸腾了，充满了笑声。

最难得的是小妹也回来了。

"四哥！"妹妹扑过来。

"小妹!"哥哥迎上去。

兄妹俩抱在一起,止不住地哭起来了。

时传祥扳住妹妹看哪,看哪,妹妹已经不是扎着羊角小辫的10岁小姑娘,成为一个妇人了,岁月和劳动摧毁了她的稚气,换成了满脸风霜的山里女人,眼角上爬满了细纹,嘴唇上有些干裂的口子。

但是,兄妹俩还是很高兴,他们擦干了眼泪,诉说家常。

"祥子回来了?"一声大喊,进来一个汉子。时传祥没有认出来人是谁。

"怎么,不认识了?你教俺逮野鸭子……大憨把俺打得鼻青脸肿。忘了?"

时传祥想起来了:"你是业百?哈……"

是的,来人正是小时候的伙伴业百,已经长成了一个标准的山东大汉。

院子里充满了欢乐的笑声。

时传祥没有到屋里坐下,他要先办一件事:去给父亲烧纸。一家人都知道,这是时传祥每次回来第一件要紧的事。

来到坟上,他把从北京带回来的小食品一一打开,在父亲的坟前摆出来,让父亲首先享用。

"爸爸,您的儿子回来看你了。"

时传祥放声大哭。

两个哥哥劝他说:"四弟不必太伤心了。现在解放了,人民政府为咱报了仇,那个罪恶累累的家伙已经镇压了。镇压那天,咱们全家人都来坟上给父亲说了,给父亲报了喜。别哭了,你一哭,引得母亲也哭了,快别哭了啊。"

时传祥这才止住悲伤,将他献给父亲的食品分给大家吃。

这是一次团圆饭,和父亲在一起吃的。

第二天,时传祥早早地起床,以他的习惯,挥动扫帚,把村里的主要街道打扫干净。然后带着儿子时春庭、女儿时俊英(那时次子时纯利、次女时玉华还没有出生),到自己小时候生活过的地方走走看看,特别多走了一程路,来到地主恶霸赵老官的大宅院。

如今这里已经完全变了模样，几家贫雇农住进了以前受过剥削压迫的苦大仇深的人家。可当年就是在这个院子里，他父亲签字画押，上当受骗，被抢去了地契，还被打得半死……

站在赵老官的堂屋前，他告诉孩子们说："你们的爷爷就是被这家地主恶霸逼死的。这个仇咱们穷人没能报，是共产党毛主席为咱们穷人报的仇，让咱们穷人扬眉吐气。你们要牢牢记住，咱们时家要世世代代感谢毛主席，感谢党。"

儿子时春庭，女儿时俊英看着父亲眼泪汪汪的样子，他们深深地点点头："爸，俺们记住了。"

土地改革后，时家被霸占的六亩二分地，又回到了时家，另外又分到了更多的土地，都是好地。又分到了牛，分到了房，分到了许多家具和生产工具。

穷人家有了土地、牲口、房子和生产工具，昔日闯关东、闯京城活过来的人们，纷纷返回家园，从事生产，创造美好幸福的新生活。

时传祥的母亲年岁已高，加之有病，不能主持家务，一切家务都由时传珍的媳妇操持。弟弟时传海算是一个劳动力，但是身体也不好。三哥时传珍当初出去闯世界，也是被逼无奈，由于粪霸的欺压，虽然活过来了，但身体也不行了，已经回家务农。时传祥想来想去，家里实在没有整壮的劳动力了。

母亲看透了他的心事，说："祥子，娘知道你是个心大的人，该怎么办，你拿主意。家里不用愁，分了这么多地，随便划啦划啦就够吃够喝了。"

知儿莫若母啊！

他对老娘说："娘，您老说得对。俺是一个掏粪工人，俺的岗位在厕所边，俺的责任是保持首都的清洁卫生，增进人民健康，建设新国家。"

"娘能理解，你去吧。"

时传祥说："娘，俺最不放心的是你的身体。"

"这孩子，有什么不放心的，我这儿孙满屋，有房有地，高兴还高兴不及哩。你走吧。"

时传祥又回到北京他的岗位上了。

→ 徒 弟

☆☆☆☆☆

北京市政府把一直由私人管理的掏粪业改造为城市清洁队。时传祥加入了北京市崇文区清洁卫生队第三队。

每天黎明前，城市还在静静地安睡着，风儿不刮，树叶儿不摇，天边的月牙儿默默地看守着这个沉睡而美丽的城市。朦胧中走来最早的清洁工人，他们披着晨露，背着粪桶出现在大街小巷。

他们是向城市问好的最早的人群。

他们的声音在清晨的空气里传送："有人吗? 请把院子里的东西收拾收拾。"

△ 时传祥正在工作

　　时传祥带着他的同伴，亮起高高的嗓子，向居民们的大门里边喊着。

　　听到这熟悉的喊声，城市知道了，时传祥和他的清洁队来了。小胡同、四合院、小平房，还有各式各样的院子全都醒来了，他们打开大门，迎接时传祥。

解放了的人们尊重和自己一样解放了的人们。文明的事业有文明的人来干。新社会、新环境、新思想、新风尚，遍布整个新社会。因为受到人们的尊重，时传祥干得更欢了。

　　他无冬无夏地、挨家挨户地给首都群众掏粪扫污。他对他负责的大街小巷、各院各户都了如指掌。谁家有多少人，厕所什么样子，哪里该掏粪，不用人来找，他总是主动地去。不管坑外多烂，不管坑底多深，他一勺一勺地挖，一罐一罐地提，一桶一桶地背，掏干扫净。

　　有人曾经问过他，你是怎样做到不嫌脏的。他说："粪嘛，哪有不脏的？可咱要一人嫌脏，就会千人受脏，咱一人嫌臭，就会百家闻臭。俺脏脏一人，俺怕脏就得脏一街呀。想想这个，就不怕脏啦。"

　　可是，人们的传统观念毕竟不是一朝一夕能彻底改变的。刚解放的时候，一些人认为自己当家做主了，再也不用干低贱的、伺候人的掏粪工作了。清洁队里出现了思想动荡。时传祥却认为，解放是解放了，脏活累活还得有人去干。能以一人脏，换来万家净，这是十分光荣的事。

　　他们队就有些青年人不安心清洁工作，嫌掏粪工丢人，总想转到工厂去。时传祥用朴实的话开导他们："北京城如果一个月没有人去掏粪，粪便就会流得满大街都是。你也愿意上重工业，他也愿意上重工业，不行啊，脏活谁来干？总得有人清理粪便呀！"

　　这天，时传祥收了一个徒弟，叫李冰贵，初中毕业，是当时学历最高的人。李冰贵是时传祥第二个师傅的儿子，在父亲的命令下，来到时传祥的面前，向时传祥行礼、拜师，成为时传祥的第一个有文化的徒弟。

　　时传祥带着李冰贵第一次掏粪的时候，冰贵"哇"的一声，背过脸去呕吐了满地。这使时传祥心里非常难受。他想起了最初的自己。

　　他第一次干这活的时候，也是难以忍受那种气味，是他的师傅教会他怎么样驱除异味的。

时传祥用自己的亲身体验教育这个年轻人："冰贵呀，人人都要吃都要拉，吃的是粮食拉的也是粮食，是经过人的五脏六腑之后的粮食，有什么脏的，不脏！对不对呀？"

　　李冰贵还是扭不过来。他父亲要打他，时传祥劝住了。

　　时传祥说："你是咱们这一行里文化最高的人，我们大家都为有了你而高兴。你想想，咱们崇文门连上全城有几千所茅房，如果一个月不掏，北京市不变成大粪场才怪哩。整个北京城离不开我们掏粪工人！大道理俺也说不了，不过，看现在的情况，还得有人掏几年茅房，背几年粪桶。第一汽车厂造出了解放牌大卡车，听说，还要出很多很多型号的大卡车。这不，他们找咱们出主意来了，来征求我们掏粪工人的意见，要专为我们生产掏粪用的汽车。这就该你来了，该你们这一代新式掏粪工人出面了。"

　　李冰贵的父亲高兴地接着说："是呀，你四叔说得对呀。"

　　时传祥说："你打小就爱写写画画，给他们出出主意，根据我们的工作程序，画几张图，叫他们参考着造。等我们国家实现机械化以后，你就是我国第一代技术工人。"

　　时传祥的一番话说得李冰贵心里热乎乎的，他答应继续干下去。

　　几天后，当李冰贵的女朋友来找他的时候，他又

解放后的掏粪工人

一次犯傻了。

那是在一所四合院里，他听见女朋友的声音，就立即躲起来。当时李冰贵正穿着工作服，背着粪桶向大门外走。这叫他往那里躲？他只有把粪桶放到地上，然后蹲下，藏在粪桶后边，让粪桶挡住自己，不让女朋友发现。

可是，偏偏时传祥看见了，喊着他的名，叫他来见这个姑娘。

他躲在粪桶后就是不出来，他涨红着脸，浑身冒出冷汗。

那女孩看见时传祥就问道："时师傅，看见冰贵没

△ 同学们慰问劳动中的时传祥

有？我找他。"

"什么事啊，小姑娘？"时传祥问着。

"我们粮店的业务越来越多，领导安排要搞机械化，至少要搞半机械化，请他为我们设计设计。"

时传祥返过身说："听见没有，冰贵，到处都在搞机械化，到处都需要你们这些文化人。"

他过去把李冰贵拉出来，继续说道："出来吧。你看人家没有嫌弃你，是你自己嫌弃你自己的。你们俩，一个是管'进口'的，一个是管'出口'的。所以我说进口、出口是一回事，是任何人也离不开的，哪一头不工作了都要出问题，都要生病，甚至死人。姑娘，你说我说得对不对？"

"对哩！时师傅。"

李冰贵虽然被拉出来，站在时传祥的背后，但是，他还是满身的不自在，抬不起头，仰不起脸，不敢正视他爱的姑娘。

时传祥说："姑娘你先回去等着，俺叫他回去，好好洗一洗，换上新衣服，再去见你。"

"成。我先回单位去了。叫他早点来啊。"

姑娘走了。

李冰贵也"解放"了。

时传祥说："现在是新社会了，大家人人平等。干俺们这一行的，只有旧社会才被那些阔人看不起。就是在旧社会也要看咱们自己怎么对待自己。任何人都需要咱们，就是那些粪霸、大律师、日本兵、美国兵又咋的？他们不可能光吃不拉吧？你说呢？一切高低贵贱，全在咱们自己心里。"

李冰贵惭愧地说："'一切高低贵贱，全在咱们自己心里。'我知道了，师傅，我听你的。"

"去吧，去好好洗一洗，然后换上新衣服，喷喷香水，去见你的女朋友。"

解放后的掏粪工人

"不，师傅，我今天的任务还没有完成。"

时传祥笑了："不用了，剩下的都由俺来干。放心走吧。"他拍了拍徒弟肩膀，将他推走了。

李冰贵回头看看一脸慈祥的时传祥，他突然感到，时传祥就像自己的父亲一样，甚至比父亲还亲切地关心着自己的一切，心里涌起一股热辣辣的暖流……

李冰贵一步三回头地走了。

➡ 肩上的老茧

★★★★★

这一天工作完成之后，时传祥却累垮了，他一个人干了两个人的工作。那时，他们每天每人要掏出、背走五十桶大粪，他这一天背了差不多一百桶，总重量超过五吨！

回到家，他洗漱完了之后，疲惫地躺在床上，他没有哼哼，也没有叫老伴儿知道。今天虽然很累，但他高兴。让他高兴的事有好几桩：第一，是他成全了一对年轻人；第二，是他在完成了李冰贵那份任务之后，那些人家说的感谢话。有一家人说道："谢谢您啦，谢谢您。等会儿我们家要来一大帮客人，客人们要在我家待很长时间。我们家什么都准备好了，就是那里满得不行了，要流出来了,简直不能进人儿……现在好了，您把那里弄得清洁干燥，还给洒了些石灰，太谢谢您了。"

每每这个时候，时传祥的心里就甜丝丝儿的，人生的幸福感从心里腾腾地往上升。没有比这更让人快乐的了。

老伴儿走来，说："吃饭吧。"

时传祥没有动。

老伴儿走近他，发现了什么，说："你笑模悠悠的样子，有啥好事了？"

"没有哇。俺哪天不是这样？"

△ 时传祥的背影

妻子发现他肩膀上的血迹。慌忙解开时传祥上衣的领口，掀开一看，右边肩膀已经被磨破，厚厚的膙子处沁出殷红的鲜血。她一摸，时传祥疼得"哎哟"一声，慌忙盖住。

老伴儿心痛地流下了眼泪。

他拍拍老伴儿，说："我没事儿。"

"我让你别干这个活儿了，你不会听我的，我只让你把一百斤的力量为自己留下两斤，你总该听吧，啊？"

"老伴儿，你是了解我的，掏粪这个活儿我永不放弃。好吧，我以后少干点，为自己偷偷懒，叫别人多干点。"

"去！我是这个意思么？"

"你看你看，使足了劲去干活，你不让，劝我为自己留点；有一百斤的力气只使出九十斤，自己偷点懒，叫别人多干点活，你还不让。叫我怎么办？"

老伴儿撒娇似的推了他一把："不跟你说话。一切由你！"

时传祥说："你跟着俺这么多年，还不了解俺？咱们老时家的人从不使奸耍滑。现在解放了，成了国家的主人，有一百斤的力决不只使九十九斤。咱只有有多少的力尽多少的能，报答党，报答新社会。"

长年累月的劳作，时传祥的肩膀上磨出了老茧，肩膀上总是红肿着，皮脱了一层又一层。每换一个新桶他要脱一层皮，皮破了之后，流血又流脓，回到家，常常又痛又累，饭都吃不下。

他一生背坏过多少个桶，他那肩膀上的老茧有多厚，没人知道。他每一个班次都比别人多背十桶到十五桶，常年如此。

有一年，时传祥的左脚上长了一个瘤子，肿到红枣那么大，每走一步都钻心地疼。工友、老伴都劝他去医院看看，开刀动手术把它割了。可是他死活都不干，他对老伴说："开了刀，就不能干活了，俺负责的那些活咋办？"

时传祥每天忍痛坚持掏粪，硬是挺过来了，那个瘤子也慢慢地好了。

1955 年，北京市人民政府为了减轻掏粪工人的劳动强度，把过去送粪的独轮车全部换成汽车。时传祥所在的崇文区清洁队，就有了十一辆汽车，清洁工人只需把粪掏好装上车就成，向郊外运送全部由汽车来完成。

　　运输工具的改善，使工作效率大大地提高了。时传祥合理计算工时，挖掘潜力，叫车不等人，人不等车，干活不窝工，把过去七个人一班的大班，改为五个人一班的小班。他带领全班由过去每人每班背五十桶增加到八十桶，而他自己则每班背九十桶，最多时每班掏粪、背粪达十吨以上。

　　时传祥为了干好掏粪工作，动了不少脑筋，付出了比常人更多的辛劳。老北京平房很多，老四合院里人口密度非常大，茅坑浅，晚掏一天，粪便就会冒出来，气味非常难闻。他遇到这种情况，总是不声不响地找来砖头，把茅坑砌得高一些。

　　时传祥节假日没有休息过，哪里该掏粪，不用人来找，他总是主动去。不管坑外多烂，不管坑底多深，他都想方设法掏干扫净。茅坑里掉进了砖头瓦块，他就弯下腰去，用手一块块地捡出来。

　　因为他和工友们的辛勤劳动，管区内居民享受到了清洁优美的环境，而他也因此赢得了人们的普遍尊敬，赢得了很多荣誉。

　　1956 年他当选为崇文区人大代表。

　　1956 年 11 月 23 日，他光荣地加入了中国共产党，成为掏粪工人中的第一个党员。

　　入党是他的政治生命中最重要的一步。他开始把自己的工作与革命事业联系在一起，更加拼命地工作了。

→ 当暴雨袭来的时候

★★★★★

那是 1957 年 7 月的一天，低低的黑云在城市上空翻滚，狂风在树梢上呼叫，不一会儿就雷霆大作，跟着倾盆大雨便泼了下来。

暴雨来得凶，也下得猛，只有短短的时间，北京城便成了汪洋大海，沟满河平。

"师傅师傅，不好了不好了，有几个胡同被水淹了，厕所都溢出来了，进不去人，下不了脚。"

时传祥问："具体是哪儿？"

"花市下四条胡同耿大爷家厕所墙倒了，砖块掉进厕坑。臭水快要进到耿大爷家了，两位老人正从屋里向外舀水！你快去看看吧。"

时传祥看看身边的几个工友，说道："这样大的雨，又有溢出来的臭水，你们都不要去，宁愿我一人脏，换来一家净。"

他收拾了东西，一个人冲到雨水里。

他的徒弟把他拉回来，说："师傅，'宁愿一人脏，换来一家净'，你哪是只想一家净！你想换来一条胡同都干净，你想换来千万个家庭都干净！"

时传祥看看这个聪明的年轻人，反问道："怎么，宁愿一人脏，换来万家净，不对么？"

年轻人说："当然对。所以，我要跟着你，我年轻，让我来吧！"

大家争着，说："'宁愿一人脏，换来万家净。'让我来！"

"让我来！"

"让我来！"

时传祥说："大家别争了。胡同窄，汽车进不去，

△ 时传祥既是好班长，又是好兄长、好家长。他通过言传身教，帮助青年人树立正确的人生目标

只有用独轮车运，忒脏，所以，只能我一个人脏点。我没关系，没关系。"

"工友们！找家伙呀，我们跟时师傅走！"

时传祥拦不住大家。他就把大家分成几个大组，蹚着没膝深的雨水，向最低洼的几个胡同走去。

时传祥首先来到灾情最严重的耿大爷家。小院子已经积了尺把深的污水，厕所的一面墙倒了，里边的脏水正在往外流。

时传祥把他的徒弟挡在外边，自己往前边走。他的徒弟抢在他的前边，要自己去。争抢不下，只好一起干。

他们立即动手，很快把厕所的墙砌起来了，把臭水围住了。然后，一桶一桶地把臭水背到胡同的独轮车里，又冒着大雨一车一车地运走……几个小时以后，耿大爷家的厕所修好了。

可是，胡同里像耿大爷家那样的情况还有不少。

这条胡同有三里长，地面坑坑洼洼，积水很深，深一脚浅一脚，要走一百多趟，才能够把所有住户的厕所掏干净。这一天，他们干了十几个小时，把臭水掏干净后，又把整个胡同所有的厕所收拾好了。回到队里归拢工具，放好车子的时候，大家才看清了各自的样子，全都成了泥猴子了。

时传祥就是这样一个人：越是艰苦，越是紧急抢救，他越是干得起劲，心里越是透着幸福，透着快乐。

时传祥"宁愿一人脏，换来万家净"的品质照亮着全体三队的工友们。

暴雨过后不久，一位记者来采访时传祥，赞扬他"宁愿一人脏，换来万家净"的精神。

清晨，轻轻推开窗子，七月的晨风扑面吹来，醒心而又涤神，隐约中有芬芳的花香弥漫。

统管北京崇文区的粪便清除工作的部门，是一个相当庞杂繁忙的工作单位，分散在好几个地方。时传祥所在的第三队在一个院落里。这里一色的黄土地面，院子里存放着清除粪便用的工具和车辆，西边有一个硕大的水缸，四周是些低矮的房子，房子是一色的土坯墙。

△ 时传祥"宁愿一人脏，换来万家净"的精神感动着他周围的群众

　　走进一间土坯房，这里就是时传祥他们的办公室，屋里陈设极其简单，只有几张窄小的木桌、木椅。

　　这时候，一辆大粪车开进了院子，车上跳下几位穿着工作服的掏粪工人，他们背起粗大的粪桶，提着长长的粪勺，走到后院去了。

　　时传祥身材魁伟壮实，走起路来咚咚地响。他上身有些微微地前倾，稍稍侧歪着脱发的光头，粪桶便紧挨着他黑红色的脖子。他和他的工友们，脱掉工作服，舀一盆清水先洗手，第二盆洗脸，然后再洗第二遍，这时候他便是一个完全崭新的人了。

　　时传祥走进办公室来。坐到桌子对面，一面擦着头上的水，一面热情地看着来访的人。时传祥操着浓重的山东口音，说的第一句话是："同志，你要俺做些

甚么？"

记者不由得一怔，因为通常主人第一句话都是：你贵姓？你是哪单位的？干吗的？而时传祥从来就是只关心他人，他见人的第一个念头就是能不能为别人干些什么，仿佛他只是一个为了别人的需要而存在的人！

记者把来意说了："我是代表全市人民来向您学习向您致敬的！时传祥同志，敬礼！"

时传祥慌忙把记者的手拿下。

他局促地说："可别可别。各行各业都有先进工作者，都值得我学习。"

记者说："各行各业都要向您学习'宁愿一人脏，换来万家净'的精神！"

时传祥忙给大家解释："没必要向一个人学习。各行各业大家都是一样的。工作没有贵贱之分，行业也没有尊卑之别。你们千万不要那样宣传啊。我要向大家学习！更加努力，做好本职工作。"

他的谦虚把这位记者弄得不知从何处说起了。

在记者沉吟的时候，时传祥站起来，说："俺们的事真没有甚么值得说的，俺们就是给大伙掏掏粪呗。再说，还有很多该干的都没干哩。有的胡同还没有厕所，有的院儿里的厕所太旧太破。想起来心里就着急。你也给俺们呼吁呼吁，推动推动这方面的工作。"

说完这话，他说："真对不起。俺还得赶紧去趟南城。有甚么叫俺说的，俺回头再给你说。"他冲客人歉意地笑了一下，就急匆匆地走了。

……

干完活，记者跟着时传祥到了他家。

时传祥住的地方是一间十分狭窄的房子。房子是工友们帮他盖的，是贴着原来的农房又扩出的一间房，每一次家属来北京，都是住在这里。走进屋里，陈设极其简单，放着两条蓝底白点的旧薄被子的床铺占了房间一多半，只剩下很小一块地面，才是他和老伴洗衣服、做饭的地方。时传祥一边做着家务活儿，一边同记者诉说掏粪工人的苦难历史，一直谈到他们吃完饭。

一般家庭，星期天老少聚在一起，伙食总要改善一点，何况他老伴还是带着孩子从山东老家来看他；但是这位创造了"宁愿一人脏，换来万家净"奇迹的英雄却只是一碗青菜，几个玉米面饼子，和大家围坐在一个小饭桌周围，吃得津津有味。

时传祥的精神总结为四句话，就是：

　　　工作无贵贱，

　　　行业无尊卑。

　　　宁愿一人脏，

　　　换来万家净。

这四句话被广为传诵，成为时传祥精神的集中代表。

△ 南翔胡同张大娘用沏好的茶水感谢时传祥

→ 关于公厕

★★★★★

自从北京周口店洞穴里的原始人，在洞外崖壁底部放了两块平整的石头，不准在洞内方便，人类就有了第一个厕所。几千年后，在现代的社会里，尤其是在现代化的城市里，已经有了维修良好的水冲卫生间。

公厕有多大改变，人类文明就有多大进步。

少林寺东禅院的厕所有一个对开的木门，门上有一副对联：有小便宜，得大解脱。上下联里藏着"小便""大解"，并且深含着佛家劝世的哲理，为人处世不可贪得无厌，有点便可，够用便宜，这样，你就解脱了所有的世俗烦恼，浑身轻松，飘然若仙了。

中国人的厕所从春秋战国起到解放初期，都是"一坑两砖"式，蹲着解手，既不卫生又不方便。古时，凡是十万户以上的市镇，政府或准政府便专设有管理掏粪的官员。这个官员一般是由乡绅中广有田亩的富户兼任，因为只有这样的家庭才能够担当起这样的责任，只有这样的家庭才需要大粪肥沃他们的土地，在相当长的历史长河里，人们把粪便当成珍贵的肥料。

即使没有统一的管理，几家富户各家划定"势力范围"，各家在自家的势力范围内掏粪，互不侵犯，大家相安无事。

现代化的城市里大都是专设官员管理，组织专人清掏，组织运力运到郊外，或送人，或卖掉，处理给种地的农民。

北京市就是这样，以前是私人粪霸垄断，解放后政府接管了全部市政管理，统一管理建设、清掏、转运、街道清扫、垃圾管理和处理。

解放后为了方便市民的出行，北京市市政府新建了数字庞大的公共厕所。

可是，人们还不习惯于像爱护自家的东西一样爱护公共厕所。

所以，新建的公共厕所时常出现问题。

水龙头老是坏，前边修，后边坏，正在修男厕所，女厕所那边坏，让修理工人应接不暇。

一天，一个中年人，从下四胡同三号院出来，蹬上自行车向北行驶，路上一个小石子儿颠了他一下，车链子掉了。他赶紧下车维修，等把链子挂好以后，已经是两手油污了。他想到冲水公厕，就近找到一个，拧开水龙头，空的，再拧开另一个，仍是无一滴水流出来。他又失望又气恼。于是，他找到崇文区环卫三队，进门就骂骂咧咧地吵闹着，说北京市的冲水茅房全都没有水，你们是干什么吃的。

当时时传祥不在队里，他在胡同里掏粪。

第二天，电台的记者也来了，三队的领导找到时传祥，时传祥赶到现场，陪同领导和记者查看了那条街上的三个冲水茅房，第一个无水，第二个、第三个都有水。

时传祥对着电台记者表态，说："崇文区的公共厕所有两种，一种是旱厕，一种是水冲厕。一共有一千多个，打有独立水井的有四百多个。现在，我向大家保证，所有困难由我们来克服。有水的一定用水冲，没有水的，我们用排子车拉水来冲! 不管路途有多远，保证拉水冲。人手不够，俺们一人干两人的工作——三队的公厕问题由我负责，请大家监督。"

他的话代表了他们区一千多环卫工人的心声。他们的成绩很显著。但是，还远远不够。他们的目标是：让每个市民，无论在哪个位置内急，八分钟之内就能找到厕所。

时传祥说："俺们不干好，住户不方便。"

和国家主席握手

→ 经典的劝说

★★★★★

这是一个英雄辈出的时代，古老而年轻的国家正在全面起飞。建国十年里，各个行业里都有出类拔萃的人物成长起来。

"宁愿一人脏，换来万家净"，为首都的干净美丽做出了出色贡献的掏粪工人时传祥出现在共和国的英模录上。

1959年国庆节前，党中央把那些在全国各行各业中挑选出来的劳动模范集中在北京，参加国庆观礼活动。

国庆观礼之后，时传祥作为全国先进生产者、劳动模范参加了在北京召开的全国"群英会"，并被选为"群英会"主席团成员。

时传祥的人生之路走到了光明灿烂的高峰。

1959年10月26日上午，部分代表得到通知，到人民大会堂湖南厅等着，他们预感到有大事来

△ 时传祥出席全国群英会时的出席证

临，准是中央首长要接见。大家向大门处张望着。尤其是时传祥，他一个掏粪工能有这样的机会见到国家领导，太荣幸了，他的心咚咚直跳。

不一会儿，毛泽东、刘少奇、朱德、周恩来等党和国家领导人进来了。他们健步走来，和劳模们一一握手。

国家主席刘少奇一见到时传祥，握着他的手亲切地交谈着："你是老时吧？"

时传祥当时一愣，心想，刘主席怎么认识俺呢？是不是报纸上登了俺的照片，因为俺是个光头，一下就认出来了。

△ 刘少奇主席亲切接见时传祥

    刘少奇关心地询问："老时啊，这几年生活过得
怎么样？清洁队的工人同志工作累不累？"

    时传祥高兴地回答："俺们现在生活过得挺好，
大家的干劲可足了。过去俺们是用独轱辘粪车一车一
车推，现在改成汽车运粪，工作效率提高了，平均一

天背九十多桶。可是大家并不满足这些成绩，还要为社会主义多出几把力呢！"

刘少奇听后笑着说："大家的干劲真足啊！还得再加把劲，把全市的清洁工人都带动起来。"刘少奇又询问起掏粪工人的学习情况。

时传祥汇报说："过去掏粪工人很少有识字的，解放后成立了业余学校，现在大家一般都达到了高小程度，能看报、写信了。就是俺差点儿，才认识二三百个字，连自己的名字也写不好。"

刘少奇听了，又是批评又是鼓励地说："老时啊，

△ 参加全国群英会期间，刘少奇同志赠给时传祥"英雄"牌金笔一支，并鼓励他努力学文化

△ 时传祥不忘嘱托和期望，认真学习

　　一个先进工作者，一个共产党员，光工作好不行，各方面都得好。我们的事业越来越发展，没有文化哪行？我都这么大年纪啦，现在还学习呢。你才四十五六岁，时间还不晚，以后要好好学习。阳历年的时候给我写封信。"

　　刘少奇说着，从衣兜里掏出了他的"英雄"牌金笔，送给了时传祥。

　　时传祥双手捧着，接过了这个重若千斤的"英雄"金笔，激动得流下了幸福的热泪。

　　刘少奇又语重心长地说："我们在党的领导下，

都要好好地为人民服务。你掏大粪是人民的勤务员，我当国家主席也是人民的勤务员。这只是革命的分工不同，都是革命事业中不可缺少的一部分。你回去以后，要更好地为党工作，不要骄傲自满，和大家团结一致，用我们的双手把首都建设得更好。"

"群英会"后，时传祥满怀幸福、满怀激动地回到了清洁队，他带领着掏粪工人们干得更欢了。同时，他牢记着刘少奇要他好好学习文化，在阳历年前给他写信的热情鼓励。可是，他的这双手啊，用时传祥自己的话说，就是"膃厚骨壮，能拿千斤，耍粪勺如同绣花针。要拿钢笔，如同拿千斤铁棒，怎么也不听使唤，唉！"时传祥请了"专职"文化老师，一个字一个字地学。工作之余，不分早晚抢时间识字，以蚂蚁啃骨头的精神坚持学文化。

时传祥是个性格倔强、坚韧不拔的人，为了一个光明的前途，他奋斗不息，不达目的决不罢休。

在新年来临之前，时传祥写完了给刘少奇主席的一封信。这是他四十多年以来写的第一封信，而且是写给国家主席的。全信虽然不到三百字，却充满了一个普通掏粪工人对党和人民领袖的热爱之情——

敬爱的刘少奇主席：

俺开会回来以后，把您关心俺们清洁队职工的工作、生活和学习的事，向大家做了传达。全体同志都感动极了，一致表示要坚决听党的话，听您的话，继续鼓足干劲，把自己的工作做得更好，并且积极读书识字，使自己成为有文化的工人，为社会主义建设贡献更大的力量，来报答党和领袖的关怀和培养。一个多月来，俺和全体同志一样，在工作上很好地完成了任务，文化学习也有了很大进步。俺过去连名字都不会写,您看到俺写的这封信一定会替俺高兴吧！

但是俺一定不能骄傲自满，继续鼓足干劲，争取尽快地成为有文化的新工人，以更大的成绩，报答党的培养和关怀。

祝您

新年快乐，身体健康！

时传祥

1959 年 12 月 26 日

新年前，刘少奇收到了时传祥的来信。当天晚上回到家，他高兴地对夫人王光美说："全国著名劳动模范时传祥给我写了一封信，你看看。"

若干年后，王光美老人回忆说："刘少奇接到时传祥的信，非常高兴，一整天都高兴得不得了。"

刘少奇赞扬道："在一个文盲半文盲的国度里，是不能建成社会主义的。要提高整个民族的文化素质，才能搞技术革新，才能提高社会生产力。时传祥开了一个好头嘛！好老时，有毅力，有气魄嘛！"

信寄出去那几天，时传祥也特别高兴。

他举着自己的手说："老伴儿，有文化就是好。你说刘主席要是接到俺的信，是不是想啥时候看就啥时候看？俺人没有去，可是能和他说话。有文化真好。"

"那肯定吧。他可以把你的'话'塞到抽屉里，想啥时候看，就拿出来看看，一看就知道你说的话了。"

时传祥高兴得不得了，他说："俺还要继续学文化，学会'说'更多的话。"

→ 时传祥作报告

★★★★★

　　"群英会"上国家主席刘少奇和掏粪工人时传祥握手的大幅照片，在第二天的《人民日报》上刊登出来，中央人民广播电台等新闻单位都对时传祥的事迹作了报道。时传祥的名字在全国传开了。

　　10 月 26 日，对全国从事清洁工作的劳动者来说，是一个具有重大意义的日子。

　　时传祥说："俺已经干了三十年的掏粪工，只要党需要，俺还要再干它三十年、六十年! 党需要俺干到什么时候，俺就干到什么时候。"

　　从这一天起，时传祥更加努力工作，更加热爱本职工作。

　　"群英会"之后，时传祥一直沉浸在极其幸福、无上光荣的心境里，他四处作报告，向全市的清洁队的工友们传达国家领导对掏粪工人的关怀。

　　他见别人作报告，都是打好稿子，把报告内容事先写在纸上。他怕自己讲话没水平，说错话，就更得事先打好草稿了。可是，他自己不能写，叫别人写吧，他又看不懂，这怎么办？自己的事，还得自己干。白天干活，晚上有空，写稿吧。

他熬到第三个晚上写好了他的报告稿，高兴地伸着懒腰，一看天就要亮了，索性别睡了，上班干活去吧。

妻子醒了。看看床上的被子，说："你一夜没有睡？"

"我的报告稿写好了。"

妻子来到桌子前，看到的是一部画满了画的天书。

时传祥的报告稿是一个"茶壶"。

妻子问他："这个茶壶是啥？"

时传祥兴奋地说："这还不懂，俺告诉你，顶头上画的大茶壶，这是大标题。"

崔秀庭指指大茶壶的下边画了一个壶盖，问他："这个壶盖是啥？"

时传祥说："壶盖代表党中央对全国的领导，接着的这些人头、帽子、领子，代表党中央领导的指示精神。"

再下边，他画了个壶肚子，壶肚子圆圆大大的。他说："这里边盛着好多好多内容，有好多好多的话要说。壶肚子后边的这些'心'形的、'上'形的图案，代表俺的心里盛满了对新社会的感激。"

再下边，他画了个壶把。壶把代表听众对象是什么人，是哪个单位的，他要根据不同情况，讲不同的内容。

最下边，他画了个壶嘴。他说："这是我的嘴，代表我这次报告要说出来的话。"

崔秀庭捂着嘴笑："嘻嘻嘻……真是笑死人了，你这叫报告稿？这叫一年级小学生的画图本。用脚画也比你画的好看。谁看得懂啊！"

"俺看得懂就行。你别瞧不起人，你还画不来哩。"

《雷锋日记》摘编

"……我看到厕所的粪池满了，立即动手把大粪掏出来，虽然牺牲了自己一上午休息时间，但是厕所里弄得很干净了。人家开玩笑说我是个'大粪夫'，我以为这是非常光荣的。1959年参加北京群英会的时传祥同志，不就是一个掏大粪的工人吗？我要是能够当上一个这样的'大粪夫'，那该多荣幸啊！"

一九六一年十月十七日

雷锋日记
LEIFENGRIJI

本社编

沈阳出版社

△《雷锋日记》摘编

时传祥的报告稿简直是部天书，这天书，只有他明白。

他向工友们做报告，总是离不了以下的话：

工友们，听俺说啊，那天啊，中央首长全都来了。刘主席向俺走来，说：你是老时吧？那时俺想，国家主席有多少大事要办哪，怎么能认识俺？是不是俺长得黑呀，是个光头呀。俺不知道说什么好了。少奇主席伸出手，一下子握住了俺的手，握住了俺这双掏了三十多年粪的手啊。刘主席接着问俺，这几年你过得怎么样？工人同志们干活累不累呀。当时俺说，少奇主席，俺现在生活过得挺好的，工人们干劲可高了。过去俺们是用独轱辘车推，现在用汽车运粪，工作效率提高了，每天每人能背九十多桶。刘主席说：老时啊，你掏大粪是人民的勤务员，我当主席也是人民的勤务员，咱们是革命分工不同，都是革命事业不可分割的一部分。刘主席接着说：回去后，要和大家团结起来，用我们的双手把首都建设得更好。

将来呀，实现机械化了，俺们穿着崭新的白大褂干活，用机器抽，不再用人力干了。兴许那时茅房就没有臭味了，还喷香水哩。

刘少奇主席还说：当了模范，光会干活不行啊，要有文化，没有文化要学文化。他把自己用的金笔送给了俺。这个小小的钢笔啊，比俺背的百十斤重的粪桶还要沉呢，怎么也摆弄不了。就因为没文化，不习惯摆弄这玩意儿！

刘少奇的女儿学掏粪

★★★★★

这天八点多钟，早晨的活儿都已经干完了，时传祥回到三队的院子里，洗洗准备吃早饭。崇文区领导带着一位俊丽的十二三岁的小姑娘进门来。

这位领导说道："时师傅，我们给你带来一位女徒弟。"

时传祥不解地问："女徒弟？"

"是啊。亭亭，这就是时传祥师傅。"

女徒弟喊道："时师傅，我爸叫我来跟您学徒。"

时传祥还是不解："你爸？！"

崇文区的领导说："亭亭是少奇同志的小女儿。"

一听说是少奇同志的女儿，时传祥更不知道说什么好了："那俺、那俺、那俺……"

这太出乎意料之外了。

时传祥心里澎湃着对领袖的敬仰和感激，澎湃着做一个掏粪工人的极大的幸福感。

时传祥心里热乎乎的，热泪涌出心头，高兴得喘不过气来。

这件事让时传祥许多天，甚至一辈子都生活在感动中，每一次想起来，都热泪盈眶。时传祥想，我一生都要拼命地干活。

时传祥将十三岁的刘亭安排在他的身边，从点点滴滴的小事做起。他教小亭亭怎样拒绝脏臭，怎么使自己的身边干净起来，使嗅觉外化、远化，怎样把掏粪工作当成一件有意义、有规律的事业来干，怎样使心灵像莲花一样，在污泥中美丽起来。

一有空闲，时传祥就让亭亭讲她父亲是怎样工作的。亭亭就讲他父亲刘少奇是如何工作的，讲了好多。

亭亭说："有一次数学题不会做，我去问爸爸。爸爸放下笔，揉揉眼睛，抱起我，在我的前额上亲了一下，就放下了，说，亭亭，妈妈是大知识分子，找妈妈去。妈妈要是在这儿的话，妈妈就立刻把我抱走；妈妈要是不在的话，我就缠着爸爸不走。妈妈来了，我就挨批。我要是钻到爸爸怀里缠爸爸，妈妈就打我，说我捣乱。我就使劲地哭。有时爸爸妈妈都忙，我哭着哭着就睡着了。第二天清早，我朦胧中感觉有胡子扎我的脸，睁眼一看，是爸爸的笑脸。我'噔'一声就起床了，抱住爸爸。我知道爸爸一夜没睡，新的一天又开始了，他该上班去了。"

时传祥把亭亭讲的故事永远记在心里："亭亭，回去后代俺问候刘主席安康。"这是时传祥说得最多的一句话。

时传祥说："俺要向少奇同志学习。少奇同志干大事，俺干小事。小事就是不起眼的事，俺只能做不起眼的事。"

时传祥在上下班走路的时候，也不闲着，凡是他见到的垃圾、纸片、烟盒，都弯下腰拾起来放进垃圾箱里。

刘亭也跟着学，弯腰捡拾地上的垃圾。

时传祥说："亭亭，俺为少奇同志的嘱咐弯弯腰，俺也是为自己弯弯腰；你不同，你是为北京弯弯腰。"

在崇文区那些时传祥负责的路段上，在时传祥带着刘亭走过的路段上，有很多人见到过这样的场景：一老一少，一前一后，他们边走边捡拾地上的垃圾。也许他们并不知道那个美丽的女孩叫刘亭，也许他们并不知道这个叫刘亭的美丽的女孩就是共和国主席刘少奇最疼爱的小女儿，但他们知道好坏，知道他们弯弯腰的意义，知道模仿，知道跟着学。

上学的学生们在小摊上买一个面包或者冰糕，一边吃一边走，快到学校了吃完了，手上的包装纸或者冰糕棍怎么办？他们看看远处有个穿着黄色标志的环卫工人在维护马路的整洁，就跑到那里去，说道："阿姨，我把碎纸放到兜子里了？"

遛弯的老大爷老大娘，随手捡起地上的碎纸、香烟盒、塑料瓶等等，带走他们当坐垫的废报纸。外地来京办事的人，旅游观光的游客，随手带走自己的垃圾，捡起别人丢弃的废物……

"刘亭跟着时传祥掏粪"这件事，在崇文区、在北京市一传十，十传百，不胫而走，很快就传遍天下。

2005年春节，时传祥的次子时纯利给"光美妈妈"拜年时，见到刘亭，她也刚回到家，他们一起回忆了当时的情景。

刘亭说："爸爸为了提高环卫工人的社会地位，让我到时伯伯那儿参加劳动，当时我十二三岁，在附中上初中二年级。时伯伯工作条件那么艰苦，可他干得那么优秀。我初来乍到，哪里会背粪呀！时伯伯亲手教我。这里边学问大哩。背粪桶要左肩背，左腿弓，小碎步，紧倒腾，上身要保持平稳。可我当时不懂这些，步子迈得大了点儿，脖子里就灌进了粪汤子。回家后也只是拿手绢擦擦，洗了洗就去吃饭了。那个年代的人，劳动热情高，谁也不嫌掏粪工人脏。"

王光美为此发出感叹，她说："那时的社会风气真好！青年们崇尚劳动，劳动是最光荣的事。"

→ 市长背粪

★★★★★

"刘少奇的女儿去背粪"的消息传到清华园，于是，第一批清华大学的学生来到时传祥这里。

时传祥请示崇文区领导怎么办，崇文区环境卫生管理局决定，定做一批工作服，准备一批手套、口罩等劳动保护用品，给来时传祥这里义务背粪的人用。

时传祥让清华大学的学生穿好工作服，带着他们到不能进汽车的小胡同里背粪。他让同学们只在旁边看，自己做示范，教同学们学习最圣洁的劳动。

同学们来义务劳动，能干多少就干多少，不在干多干少，而在精神。有的同学呕吐了，有的同学扭头捂鼻子，但他们一个个都是好样的。他们相信，在这里摔打过的人，在心灵深处会有一个巨大的自我站立起来。

他们的目标很明确：重要的是学习时传祥身上那种吃苦耐劳的精神和"宁愿一人脏，换来万家净"

△ 时传祥在工人中享有很高的威信，被工友们推选为前门区粪业工人工会委员

的崇高思想境界。

几天后，他们满载而归。

1964 年 10 月 24 日，为了落实刘少奇同志"要提高服务行业社会地位"的指示，纠正社会上一些人看不起服务行业的偏见，彭真市长要亲自带队到崇文区清洁队参加背粪劳动。北京市委经过讨论，考虑彭真市长 64 岁的年龄和繁忙的政务，没有同意他亲自去背粪。

万里副市长主动请缨，于是，他和崔月犁副市长以及市委机关三十多名干部，一起到劳动模范时传祥所在单位参加背粪劳动。

深秋的一天，当守候在天边的月亮隐去的时候，当东边树梢上有了第一束霞光的时候，当灰蒙蒙的马路开始亮起来的时候，一个由机关干部组成的劳动大

△ 北京市副市长万里（前排右二）等领导同志同群众一起参加劳动

军走进了时传祥所在的环卫部门。

三十多人被分配到各个队、各个作业小组。

崇文区的领导陪着一个人来到时传祥的面前，来人是北京市副市长万里同志。

万里已经穿好了工作服，带好了手套，口罩挂在胸前。万里见到时传祥，就风趣地说："时师傅，我来当你的第一个大弟子。欢迎不欢迎啊？"

时传祥嗫嚅着说："欢迎欢迎。不过，俺当不起呀！您那么忙……俺当不起……"

万里副市长说："当得起，当得起。你说给刘亭的话，我已经记熟了：要挺起身子，伸长双手，用两臂的力量掏粪；要左肩扛，迈碎步。对不对？"

时传祥说："副市长，掏粪是个脏活儿。要站着掏粪，不能弯着腰。意思是别把脸先送到前面去，又不是要闻什么香味。"

万里说："这就是第一课，很好，很好。我这个大弟子还算合格吧。"

时传祥说："第一个大弟子是少奇主席的女儿，是刘亭。"

万里风趣地说："十三岁的小女娃儿，小哩，我是第一个大弟子嘛。"

万里是个办事出奇认真的人，时传祥掏多少他也要掏多少，时传祥背多远他也要背多远，时传祥做的每一件事，他都毫不走样地做一遍。

时传祥手把手地教万里副市长怎样使用掏粪工人的"三件宝"：粪桶、粪勺和吊斗；背粪桶怎样挎肩，怎样用力才站得起来，怎样走路才不洒不晃。

万里副市长得到真传，很快入门，背起了粪桶，和时传祥并肩走在众目睽睽的大街上。

△ 时传祥经常与工友们讨论如何改进劳动技术，细心传授"吊桶"、"掏粪"、"倒粪"等专业技能

时传祥赞扬道:"您背粪,一开始就有模有样的。好好!"

那一天下来,万里累得腰都直不起来。但他不让大家知道。就这样他连续干了三天,直到一件必须他来处理的紧急公务要办,才离开时传祥。

后来,他为时传祥送来了一些治疗伤痛的膏药。时传祥感激地收下了,给年轻孩子们用,因为他不需要,他惯了,右肩上的老茧为他挡住了一切压在他身上的重量。

不论社会活动多繁忙,也不管带了多少徒弟,时传祥仍然坚持每天背粪九十多桶,保持着比别人多十桶的记录。

➔ 和王子讲故事

★★★★★

西哈奴克亲王是柬埔寨王国的国家元首,中国人民的好朋友。他们王室里有个王子,也就是他的侄子,叫尤马那拉王子。这位王子很爱学习,对于所有新鲜事物都要探求个究竟。他的中文也说得很棒。尤马那拉王子听说大家都去时传祥那里学背粪,他不甘落后。经过外交途径的交涉,他来到时传祥面前。

时传祥告诉他基本的背粪方法,他也很快就学会了。

这一天,大家背着空粪桶走在去掏粪点的路上,王子说:"时师傅,我讲一个故事,你爱听不爱听?"

时传祥说:"你给俺讲一个故事,俺就给你讲两个。文化俺没有,故事可多哩。小时候俺父亲俺母亲讲的故事多哩。"

尤马那拉就开始讲道:"世界上有五百个资金特别雄厚的大企业,号称五百强。他们都有一条铁律,就是一根筋绷到底,一条路走到黑。譬如,一个世界性的电器大王,起初就只是个做开关的,但他一直做下

△ 向拉粪汽车里倒粪

去，他就成了一个大王。再一个，纽扣大王，他起初是个卖小饰品的，纽扣、胸针、头饰、钥匙链等等什么都卖，赚几个零花钱，日子过得紧紧巴巴的；后来只卖纽扣，世界上的纽扣他那里无所不包，成为一个纽扣大王，成为一个很有钱的强人。嘿嘿嘿，我的意思是，时师傅您一辈子只干一个行业，并且一直做下去，你也会成为一个大王的。"

时传祥说："你的意思俺明白。你的故事很对，但俺一定不做大王。俺也给你讲一个故事。有一个年轻人，他的人生之路走到一个岔口上，彷徨不定，不知道该向哪里走。道旁有一个寺庙，寺庙里有一个得道高僧，很有道行，他去向他求教。高僧并没有马上回答他，而是约他明天爬山。第二天他们来到一个路口，上山的路有三条，一条路相对缓些，但是山道弯弯，需要花很多时间；第二条路里程很短，却要攀崖走峭，充满危险；第三条路是条羊肠小道，路上杂草丛生，需要自己开路方能前进。这三条路都立有'菩提大道从这里开始'的石碑，这三条路都能到达山顶，该选哪一条？"

"这位年轻人举棋不定，他对高僧说：'请师傅帮俺选一条吧。'他把难题交给高僧处理。高僧笑道：'若是俺二人一起上山，你随着俺，自然可以；但施主自己一个人登山呢，没有相伴相行的人，你只能自己决断。'年轻人苦笑地说：'俺心里的问题是，俺怕选择了错误的那一条，耽误了人生。'高僧说：'这正是你的问题，你的问题就是错的；因为所有的路都能够到达山顶，没有对错。只有风景不同。只看你愿意让你的人生看到什么样的风景罢了。'"

尤马那拉想了想说："时师傅的故事好极了，好极了。世上有无数的路，都能够到达顶峰，只要选择好了就可以走下去。意大利有个帕瓦罗蒂，他小时候在一个师范学校上学，成绩不错，爱好歌唱。毕业后他问自己的父亲，该选择哪个职业。父亲对他说，有两把椅子，你要是都想坐，那你就必然会在两把椅子中间掉到地上。于是，痴迷音乐的帕瓦罗蒂选择了歌唱家这把'椅子'。他经过多年的不懈努力，终于成为世界著名的歌唱家。"

时传祥笑笑，说："所以啊，俺可不想叫你在两把椅子中间掉下去，不想让你成为背粪专家；你还是好好学习如何管理你的国家吧。"

"啊哈哈哈……精彩，精彩，时师傅真精彩！我来这里背粪就是为了体验最'脏'的活儿，最脏的活儿我能承受得了，我还有什么'苦'的事不能承受呢？请你让我脏一脏，让我承受承受。我能最脏，我能承受最脏，我就会不怕任何困难了。"

时传祥对于这个弟子还特别照顾，只让他看着就行了。然而，这位王子可是个认真又认真的主儿。掏粪很认真，背粪时小碎步走得刷刷的。时传祥看着这位王子总忍不住地要笑。

➡ 侯宝林与洋弟子

★★★★★

著名的相声演员侯宝林来了。

侯宝林生来就是为相声而活着的。他的一对小眼睛左右一闪，就来戏，他薄薄的嘴唇一动，就是笑话。他第一次见到时传祥时，就行了个满族的古典礼：左腿前屈膝，右手向前点地。

他说道："师傅，您站着掏粪，我跪着拜师。请师傅受徒儿一拜。"

侯宝林三叩三拜。即使是时传祥不愿意收他这个徒弟，受了这样的大礼，也得收他。

侯宝林拜师掏粪，花样百出，逗人发笑。

后来，作为拜师学艺的成果，他根据自己的体验和时传祥的"宁可站着掏粪，不要跪着干活"的精神创作了一段相声。

相声的大意是：我家祖上是个大官，县内县外谁都不怕，走到哪里谁都为他行礼。不管是男是女，不管是老是少，就连县长、省长也不例外。有一次我父亲到总统府干事儿，一路走来，没人敢拦，如入无人之境。那是没遇到管事的人。什么管事儿的人？管事儿的算多大的官，他敢拦？就是总统来了，也躲得远远的。那是什么官啊，这么厉害？掏粪的呀，推着大粪车去掏粪啊。

他以令人发笑的噱头，歌颂掏粪工人的劳动，肯定这样一个主题：拉屎撒尿人之常情，掏粪工作是谁也离不开的，是理应受到社会各阶层尊重的。

时传祥还有一个洋弟子是索马里的外交使者。

这位洋弟子的中文很好。他穿着背粪的工作服，戴着眼镜，跟在时传祥身后，走在狗尾巴胡同里，他兴奋地对同来的义务劳动者说道："我是来学习'宁愿一人臭，换来万人香'的精神的。"

时传祥说："不对。是'宁愿一人脏，换来万家净'。"

洋弟子说："是是。这样意义就更带劲儿了。"

时传祥说："你学俺们的经验没有用，在你们那里用不上。"

"一样，一样。在我们国家也是这样的，用得上。这是经典，时师傅的精神我们也有用：工作不分高低，人格都是平等的。'宁可站着掏粪，不要跪着干活'，是顶好的力量源泉。"

"你们的国家也有这样的茅房吗？"

"有好的，有不好的。在部落里还有放两个石块当垫脚就是茅房的，几千年几百年前就是这样的。"

那个时代的社会风气是多么的纯朴啊，公仆与公民互相尊重，互相在"掏粪"中沟通感情。

⟶ 宽容与理解

★★★★★

有一次，时传祥将几片垃圾往果皮箱里送，发现那个果皮箱已经坏了，圆形桶被扔到一边，里边的垃圾散落在外边。他就放下粪桶和粪勺，把那个圆形桶重新安放到原位，把散落的垃圾重新装进去。他收拾好了这一切之后，才又背起粪桶，拿着粪勺去掏粪。

刘亭问他："师傅，这也是咱们的职责么？"

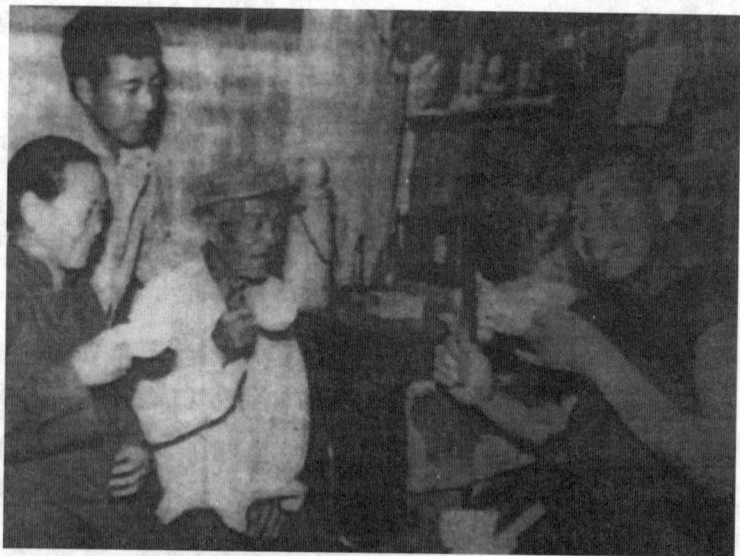

△ 花市下四条胡同李大爷一家人感谢时传祥的劳动

时传祥说道："只要是关系北京的清洁卫生，没有分内分外之分。"

便道上的果品箱多种多样，最初是一个张大嘴巴蹲坐在地上的蟾蜍，样子很可爱，高低也合适，行人投放垃圾非常方便。后来呢，被打碎的打碎，被搬走的搬走，或者没有了脑袋，或者残缺了下巴。几个月之后，原来的街景大煞风景，只好更换新的垃圾箱。

垃圾桶换成"邮筒"式，后来，那个桶子变成了家庭里烧煤球的炉子；再后来，改成半圆球体，又没有过几个月，半圆球体就成了地上到处乱滚、乱跑的废铁块。

垃圾箱更换过无数次。

据说，西方某个国家，为了果皮箱不被损坏和丢失，采用了非常措施，把果皮箱做得巨大而且笨重，每个果皮箱在安装的时候，需要用10吨汽车吊来吊装。这样，它们就经久耐用了，因为，谁也无法用拳头、用飞脚、用自己一个人的力量撼动它了。这样的果皮箱安然无恙地使用了许多年。许多年之后，改用较轻便型的果皮箱，逐渐地使用非常轻便的、便于环卫工人清掏的果皮箱，再后来，体形小了，模样好了，变成了街道上美丽的一道景观。

时传祥说，要做到人人爱护公共设施，大家都来搞卫生，美好的社会习惯就会逐渐形成。

一个店铺在装修，建筑用料、装修材料进进出出，垃圾不断被堆积出来，甚至散布到马路上。我们的环卫工人走上前去，劝他自己清扫一下，把装修垃圾送到固定的地方，不要影响整条街。

一位负责人出现在面前，他恶狠狠地说："要你们干什么？"

一句话噎死人。

"我们干的是街道保洁。你这是建筑垃圾，应由建筑单位自己负责送到垃圾站，然后由我们运走。"

那位负责人依然不理。

时传祥刚好走到这里，那位环卫工人有了救星似的，把时传祥拉到现场说："时师傅，你看看，你看看，从屋里到屋外、人行道、垃圾箱，这么一大片！"

店铺的负责人是知道时传祥的，见过照片，更见过本人。再说了，在这几条街住的人谁没见过时传祥？

他改口说："时师傅来了，我是只管干活的，领导不在。一两天就干完了，干完就清扫。"

时传祥说："有没有簸箕、铁锹？"

这位负责人说："有，有。"

时传祥说："请拿来用一下。"

那人拿来了铁锹和簸箕，时师傅接过来就铲。他要用自己的行动把影响行人的路面清出来，打扫干净。

那位负责人看明白了时传祥的举动，上前客客气气地说："时师傅，哪能让您干！我来，我来！"

大家一齐动手，并没有费多大事儿，不一会儿路面就清扫出来了，把果皮箱周围也弄干净了。时传祥用实际行动教育了他周围一大片人。

有一天，在前南胡同，他们队里的一个清掏工人刚刚将一个公共厕所清掏干净，往下一个厕所走，从商店里走出一位年轻美丽的女人，"啪"的一声把一簸箕小孩的屎尿倒在马路上。

清掏工人回过头来，说道："不能倒到厕所里去？"

那女人说："就要倒在你面前，就要叫你看见，就要叫你给清走。"

清掏工人又说："文明城市大家管。我们每个人都是文明的使者。"

听了这话，那女人口吐脏话，出手就给了这个清洁工人一巴掌："臭掏粪的！你说谁不文明？"

这位掏粪工人放下粪桶，别的掏粪工人也放下工具，要与她说理。同时，商店里营业人员也全部出来了，他们全都站在年轻女人一边，两下立刻争吵起来……

事情眼看要闹大。掏粪工人跑回去通知了家里人，也告诉了时传祥。不一会儿，队里的人来了，挨打的工人的两个儿子来了，时传祥也到了现场。

"打我父亲的是哪个？你出来！""交出打人的凶手！"被打的掏粪工人的两个儿子在高声地喊着，十分气愤。

时传祥赶来后立即制止两个年轻人："后退后退，孩子们，咱们后退！听俺的，不要在这儿闹！"

　　时传祥举着双手，挥动着喊道："走，走！回去，回去，三队的人全都给俺回去！"

　　"听时师傅的，走吧。"

　　时传祥撤走了自己受气的、挨打的掏粪工人，平息了一场争斗。

　　回到队里，他把两个年轻人叫到面前，说："你们要为你们父亲出气，俺同意。你们一人打俺一巴掌吧。"

　　"那怎么成！"

　　"是啊。那人把小孩屎尿随便倒到马路上，是她的不对。教育她改掉坏毛病的办法是什么，回敬她一巴掌？"

　　"……"他们摇摇头。

　　"对呀。接着她又说脏话，出手打人，错上加错了。冤有头，债有主，咋办？走，俺们找到她的家，回敬她两巴掌去。"

　　"哪，我们又错了。"

　　"好孩子，不能以牙还牙，以错对错。后退一步天地宽，是咱们的天地宽了。知道是她错了就是了，你们放心吧。你们在这里再等一会儿，俺估计，等一会儿必然会有人来向你爸认错的。"

　　"我们理解了，我们后退一步，我们的天地宽了，那个女人认不认错，都没有关系了。时师傅，您的思想境界可比我们原来想象的高多了。谢谢您了，师傅！您这一席话，够我们一辈子受用的了。"两个年轻人终于想通了。

可是，环卫工人与市民的冲突还是时有发生。他们的车子把长，有时碰到人了，他们轻则骂骂咧咧，重则打人、踢人；有的人自己慌张慌张跑得快，刹不住车，撞到大粪车上了，或者随便什么地方他们接触到粪桶了，轻则骂人，重则打人……

说起掏粪工人受的气挨的打，年轻人就气不打一处来。

时传祥说："你们有气儿，都朝俺这儿发，但是工作绝对不能马虎！丁点不能马虎！"

➔ 生命典仪

★★★★★

北京曾实行过一个评选"五好家庭"的活动，"五好"中有一条叫卫生好，检验所有被清掏过的家庭和社区干净程度，包括没有臭味，没有苍蝇蚊子。在累次检查评比中时传祥所在地段的成绩总是最优秀的。

时传祥的队里有一位师傅叫李云青，年年被评为先进生产者。

李云青 60 多岁了，中等身材，因为长期掏粪背部有些弯，积劳成疾。他常常带着病，坚持掏粪，被大家称为第二个时传祥。

他的情况时传祥看得清清楚楚，时传祥劝说他别干了，他坚决地摇摇头。时传祥只好陪着他，护着他，走慢一点，少背一点。到队里记工时，把自己的拨给他几桶，让他多领一点工资。

时传祥说："师傅，别干了吧，有俺哩，俺养活你。"

那时候还没有实行 60 岁退休制，不管年岁大小，一直干下去，有病治病，能干多少就干多少。

李云青师傅终于干不动了。有一天，只见他掏了半桶，非常艰难地背起来，往院子外边走。可巧，主人回来了，在门洞里相遇。李师傅赶紧让路，但他举步缓慢，身子一趔趄，失去平衡，倒下去了，大粪溢出桶外，溅上了主人的裤子、鞋子。那主人喊叫起来，乱踢乱跳。

时传祥放下自己的粪桶，慌忙向发火的人解释。但是，不管他怎么解释，那人还是又踢又跳。时传祥趴到李师傅的身上，他用自己的身体护着李师傅。

后来，时传祥把李云青师傅背回到队里，换了衣服，洗了手脸。找来一辆平板车，工友们一起把李师傅送到医院。

经检查，李云青患的是肝癌晚期，病情严重。

时传祥知道李云青家里经济紧张，就发动工友们为李师傅捐助一点钱物。时传祥和家里老伴商量，捐了半个月的工资 26 元，是最多的一份。全队的工友三毛五毛、一块两块的各尽所能，三天以后，大家捐了 127 元。在当时，这是一个很大的数字，能顶李师傅四个月的工资啊。

时传祥带着这笔钱，还有一些衣物，到医院去看望李师傅。相知的工友几乎全都跟着去了。时传祥问主治大夫："医生，他怎样了？"

医院的大夫说："他的情况很不好。你们该准备准备了。"

他们再三地请求大夫救救李师傅。

时传祥来到病房里，说："李师傅，大家来看你了。这是大家的一点心意，130 元，你收下。希望你好好治病，赶快好起来。"

李师傅眼角里滚出两行热泪，颤颤巍巍地推拒着。他鼓足力气说道："谢谢老四，你们拿回去，我这里不用了。"

"李师傅，你心要放宽些。"

可巧，这时候把李云青摔倒的那家主人来了，他提着一些营养品。一进病房就向李云青敬礼，他握住李云青的手，不住地道歉："老师傅，真对不起，那天是我不好，对你发那么大的脾气。我这人属麦秸的，一点就着，无论如何要请您原谅啊！"

李云青缓缓地说："没您的事。我这病又不是一天两天得的，没有您的事。人到这个时候，就像一盏油灯，在灯油快要燃尽的时候，轻轻地一阵西北风也能把它吹灭。"他喘息了一会儿，又说，"老四，你替我招待一下这位同志。"

那人握住时传祥的手说道："时师傅，我的错，是我不懂事！你们多多原谅。你们都是好样的，你们'宁愿一人脏，换来万家净'，多好的心灵啊。你们的工作非常有意义，是我太混账。"

时传祥说："你不必太自责了。大家都在为社会主义工作，都是人人为我，我为人人。"

回家的路上，工友们问时传祥："那个钱怎么变成 130 元了？你是不是又添了 3 块钱，凑成整数。你的日子不过了？嫂子不埋怨你？"

时传祥没有说话，只做了一个动作：他摆摆手，不让大家再提这件事了。

第三天，时传祥去医院，李云青已经进入昏迷状态。

他的儿子大声地告诉他："时传祥伯伯来看你了！"

李云青听见了，用力地睁开眼睛，神色清醒明朗，缓缓地说道："我……我，我感到肚里空空的，我想要一个白面馒头。"

时传祥从自己口袋里掏出北京粮票和钱，叫一个工友拿着赶快去医院外边买白面馒头。

白面馒头买回来了，时传祥交给李云青，放在他的手上。

李云青并没有吃。

李云青缓缓地说："我冷。我想要一个棉手套。"

时传祥把自己的棉手套脱下来，给了他。

李云青把白面馒头放到棉手套上，包好，然后交到自己的小儿子手里。

儿子把这些东西抱到胸前。

李云青又把儿子推到时传祥身边，说道："老四啊，我把小儿子交给您了……把他收下吧。"

时传祥顿时明白了这个死亡前的典仪——李云青交给儿子的东西代表了如下的愿望：他留给儿子的是有吃有穿的好日子。他希望儿子过上美好的生活！

李云青的儿子向父亲叩头，说："爸，您放心吧。"

他又转向时传祥，向时传祥叩头，说道："时伯伯，您收下我吧！"

时传祥为这个工友的用心而心里热呼呼的，他明白这是李云青最后的嘱托，他把这个孩子扶起来，说："俺收了,俺把你当成自己的儿子养。让你爸放心(走)吧!"

几天后,李云青去世了。

时传祥带着工友们为李云青送行。

他们向这位年龄最老的工友说:"李师傅,你慢慢走,你的前辈们在天堂上等着你哩,天堂上有好吃的白面馒头,有暖和的衣服穿,还有我们大家的祝福。我们留下的人一定努力工作,把国家建设好,年轻的一代一定能够过上天堂一样的生活。你放心走吧。"

时传祥以及千千万万李云青这样普普通通的人的人生愿望,说到底就是这样几句话:建设好我们的国家,过上有吃有穿的好日子!

至高无上的接见

➜ 中南海的灯光

1964 年，北京环保局分配一些青年学生做掏粪工，任命时传祥为崇文区清洁队青工班班长，为转变部分青工怕脏怕丑的思想，年近半百的时传祥，脏活累活抢在前，对青年工人言传身教，以"工作无贵贱，行业无尊卑；宁愿一人脏，换来万家净"的职业道德观教育、影响青年一代安心本职工作。

就在这一年的 12 月，时传祥当选为第三届全国人大代表。

1966 年国庆节前，毛泽东把一个全国劳模团接进中南海小住，这个劳模团中就有时传祥。时传祥简直不敢相信："我成了毛主席的客人！这是真的么？"

时传祥兴奋得彻夜不眠，高兴得快要疯了。

中南海的客房很好，每个房间里有两张床铺，被褥陈设干净、整洁、朴实，一点也不豪华，房间里充满着温馨舒适、宾至如归的气氛。递茶倒水的"服务员"全是白发苍苍的老将军、老干部。时传祥想象不到，国家最高的领导人竟是这样简朴的

△ 青工班的小伙子们在愉快地劳动

起居生活。

中南海湛蓝的天空，青翠的树木和花草，空气里流动着沁人心脾的花香，劳模们心坎里荡漾着暖暖的热流。他们代表全国人民，住进了 6 亿人民心目中的中心。作为毛主席的客人，他们享尽了贵宾的待遇。

白天，他们被带到各位中央首长的办公室参观，所有首长们的办公地也同样简朴、实用。晚上，他们望着不远处的灯光，那是毛主席办公室里的灯光，他们虔诚地向那里敬仰着。

时传祥作为北京市观礼团副团长受到毛主席亲切接见。这一年的国庆招待会格外壮丽，有来自全国各行各业的劳动模范参加，整个人民大会堂宴会厅非常壮观，气氛热烈。时传祥极为荣幸，坐在第一桌上，和毛主席等国家领导人在一起，毛主席亲自向时传祥敬酒，周总理为时传祥夹菜。朱老总一面夹菜一面说道："老时啊，你干的是重体力劳动，不喝酒，要多吃点菜啊！"

其他首长也来轮流敬酒。他享尽了一个普通工人所能享到的至高无上的荣誉。

时传祥被国家领导爱护着，被时代宠幸着。

国庆节当天，时传祥早早地起床，认真地洗了脸，把自己穿戴打扮整齐，等着最精彩的活动安排。劳模团被带到故宫里，沿着城墙的砖梯登上了天安门城楼，各自站到指定的位置，参加国庆观礼活动。

这是他有生以来第一次登上天安门城楼。

站在天安门城楼上俯瞰天安门广场，俯瞰人民大会堂，俯瞰历史博物馆。这些宏伟壮丽的建筑尽收眼底。时传祥心中高扬起当家做主的豪迈正气。其他劳模团成员也是一样，一个个全都被自己心中的激动弄得热泪盈眶，幸福得快要窒息了。

毛主席和中央首长出现在城楼上，他们步履稳健地向前走着。时传祥静静地等着，心里怦怦地狂跳着。过来了，走近了。毛主席伸出大手握着时传祥的手，亲切地问候他："你好。"

"你好！"这最简单也是最重要的两个字，是时传祥永生的记忆。

这天，他也见到国家主席刘少奇了。时传祥准备好了，他把自己的手在身上擦了又擦，要好好地和少奇主席握握哩。但是，少奇同志没有同他握手，没有同他打招呼，也没有同他点头。少奇同志面部表情凝重，气色不好，没有和任何人打招呼。时传祥心中迷惑不解。就像大多数中国人一样，当明白究竟发生了什么以后，时传祥震惊了，他怎么也想不通那里边的一切。

天安门广场人山人海，红旗飘扬，人声鼎沸，人们疯狂地喊着"毛主席万岁"。

第二天的报纸变了,《人民日报》的头条新闻里刘少奇的名字从第二位退到第八位。这标志着文化大革命的开始, 标志着十年浩劫也从此开始了。

→ 大祸临头

★★★★★

刚开始的几个月, 时传祥迷惑不解, 红卫兵闹腾得最厉害的时候, 也是时传祥最不理解的时候。

国家主席刘少奇的头上冠以"叛徒、工贼、走资本主义道路的最大的当权派", 批判斗争公开化了。时传祥彻底懵了, 他急得团团转, 他老是一句话:这怎么可能呢! 这怎么可能呢! 这怎么可能呢!

那时的口号是:造反有理。"革命""深入"到各个单位, 深入不深入的标志是看那个单位乱不乱, 乱透了没有, "大乱达到大治"。

时传祥跟党走, 但是他的心里仍然是不理

解。

时传祥所在的崇文区卫生三队成立了一个造反派组织，叫"捍卫毛泽东思想红色职工团"。

在三队的院子里，几个组织者来到时传祥的跟前，把时传祥叫到办公室里，院子里的一些人也进来了，大家挤了一屋子。他们要时传祥跟他们一起闹革命，一起捍卫毛泽东思想，他们请时传祥来当捍卫团的头头。

一开始时传祥说死说活都不干，可是现在运动发展得没边没沿了，发展到谁也不能当"逍遥派"的时候了，当"逍遥派"就是当反革命。

时传祥想了想，说："俺这个人干啥也干不好，只能掏大粪。俺只答应'抓革命，促生产'，决不出去干那些红卫兵们的一套，打、砸、抢、抄、抓。"

大家同意他。

掏粪工人组织的捍卫团，引起了红卫兵组织的注意，开始把矛头对着他们来了。

他们不是要对捍卫团怎么样，而是要揪斗捍卫团中的一个人——时传祥。因为时传祥是刘少奇的朋友，大照片发行全国，证明他就是刘少奇的死党。

捍卫团所有的人也清楚地知道这一点。所以，他们组织起来，保护着时传祥。

时传祥对大家说："不要这样。他们还是孩子。他们要揪斗俺，俺就跟他们去。"

"他们哪是揪斗你，他们是针对国家主席刘少奇的。"

时传祥心里的牛劲又上来了："俺正要向这些娃娃们证明，刘少奇不是走资本主义道路的当权派。"

"……他们不给你讲理。"

时传祥规劝大家："再不讲理，能把俺这个掏粪工人怎么样？俺现在就是一个试金石：和掏粪工人交朋友的，你就是好人；压迫欺负掏粪工人的，你就是坏人。走资本主义道路的当权派能和咱们交朋友？大白天说梦话！"

"红卫兵'造反有理'，什么道理都不听了！"

"是啊，还是躲躲吧。"

时传祥坚定地说："俺不躲。资本家俺见过，当官的俺也见过，谁拿咱当人看待啦，谁尊重咱们这个行业了？只有共产党毛主席看得起咱！"

时传祥语重心长地说："这可是一场大考验啊！大家不要为俺担心。不管什么时候俺们也要挺起身来，不管掏粪不掏粪都要立起身来，别弯腰，别下跪。"

工友们一边听从时传祥的话，觉得事情不会乱成什么样子，一边又为时传祥提心吊胆，时时刻刻都为他担着一份心。

糟糕的一天终于来了！

红卫兵打着大旗，集合了一支庞大的队伍，浩浩荡荡向捍卫团冲来。有人跑来告诉捍卫团，捍卫团立刻敲响了院子里的钟，不一会儿便集合了几百人。时传祥这时也正在三队的办公室里。掏粪工人拿起掏粪勺，向院子外面走，他们人挨人，肩挨肩，里三层外三层，把时传祥护在中间。

徒弟李冰贵就站在他的身前，手里横着掏粪勺，拿出誓死保卫时传祥的架势。

捍卫团的工人们全都拿着掏粪勺，他们把长长的掏粪勺当武器，步伐坚定地迎接红卫兵。

两方就要接触了，捍卫团的掏粪勺起了作用，他们把掏粪勺挥向红卫兵，红卫兵遇到臭气熏天的掏粪勺，乱了阵脚，纷纷向后撤退，散去。

就这样，时传祥的命运不可避免地陷入了这场政治风暴，这不仅仅终结了他的政治生命，在以后一次次的无休止的批斗中，他的生命也危在旦夕！

➜ 批斗风暴

★★★★★

批斗风暴形势急转直下。

高校红卫兵组织制定了一整套"作战方案"，第一个作战方案是：离间计。他们知道，最坚固的堡

△ 红卫兵抄家时，时传祥将刘少奇送给他的那支英雄笔锁进小木箱，又藏进衣柜，后来又郑重地交给长子时纯庭，再三嘱咐说："你要永远保存它，永远纪念那位送笔的人。"

垒是从内部瓦解的。

高校红卫兵在崇文门外三队所在地段的街口处等到了"捍卫团"的一个年轻人。他们"呼"地一声，把李冰贵围住，然后七手八脚地架住他，使他根本无法反抗。

他们把这个年轻人"请"到高校红卫兵总部。年轻人被推进一个办公室里。一步跨进屋门，他就感到气氛严重，一派肃杀。他扫视了一下满屋里的人，他看到一个人，心里"咯噔"一声，慌了。这个人是响当当的首都红卫兵领袖，神通甚是了得，经常出入中南海，经常带出"中央文革领导小组"的具体的"指示"，从而在北京市、甚至在全国掀起一个一个的"革命高潮"。

年轻人心里害怕极了。

……

一个小时后，年轻人换了一个人似的从那里出来。我们无法知道年轻人得到了什么"教育"，也无法知道他们谈话的全部内容，只知道一个事实，那就是：年轻人倒戈了，他成了高校红卫兵安插在时传祥身边的卧底。

　　从此，"捍卫团"内部分化了，他们的总部老是乱哄哄的形不成一致意见。年轻人不再是时传祥的铁杆徒弟了。他转向了"革命路线"派。作为内应他向那边提供了他们需要的所有材料。

　　时传祥的生活起居全都在高校红卫兵的掌控之中了。

　　一个月黑风的晚上，大街小巷、各个路口都站着人，他们五步一岗，十步一哨，形势极其紧张，如临大敌。大约12点钟，这里走来几十个红卫兵，他们急急匆匆地向时传祥家走去。到了大门外，他们分工明确，任务清楚，把门的、放哨的各归各位。然后，由最坚定的红卫兵悄悄地闯进时传祥的家里，将时传祥从睡梦中带走。

　　他们把时传祥关在一所大学的一个小屋里。

　　他们连夜审讯、拷打、逼问，什么残酷的手段都用上了。

　　时传祥的次子时纯利回忆说："他们把我父亲关在一个黑屋里，刑讯逼供。要他承认他是刘少奇的孝子贤孙，是反对毛主席的黑干将，是反对毛泽东思想的粪霸、工贼。我父亲不承认，他们就打我父亲。"

　　对时传祥来说，"文化大革命"的浩劫从这一天才刚刚开始，刘少奇被打倒，时传祥遭到残酷迫害，这迫害就是残酷斗争。他先后被批斗五百多次。

　　在批斗过程中，造反派给时传祥扣上了种种罪名："你跟刘少奇握过手，照过相，给刘少奇写过信，你是刘少奇资产阶级司令部的忠实走狗，背叛工人阶级的工贼、内奸！"

　　时传祥严词反驳："俺一个掏粪工人受到国家领导人的关怀，是俺的光荣，俺咋会是工贼？俺只会掏粪，没有偷过任何人。"

造反派莫须有地质问：“你岳母去世时，刘少奇给过你500元安葬费，你怎么解释？”

“胡说！”时传祥怒不可遏，“你们无中生有，俺岳母现在还活着，身子骨还挺结实！”

造反派继续诬陷：“你同王光美跳过舞！”

时传祥申辩道：“到现在，俺一次也没见过王光美，再说俺时传祥粗手笨脚，根本没学过那玩意儿！你们不要无中生有！”

造反派逼问时传祥：“刘少奇接见你，是不是欺骗人民，捞取政治资本？”

时传祥申辩说：“刘少奇主席接见俺一个普通掏粪工人，全国人民都知道。俺只觉得他和人民的心贴得更近了，别的，俺不懂！”

面对一切高压，时传祥铁骨铮铮，没有说过一句违心的话。

只要有口气，白天批斗，晚上刑审，红卫兵连轴转，不让时传祥有一刻的喘息时间。他们用最简单的教室里的椅子凳子打他，椅子凳子打坏了，就用椅子腿、桌子腿打，逼他承认自己是刘少奇的小爬虫，逼他承认自己是反对毛主席的“反革命路线”的大坏蛋。

时传祥的儿子时纯利回忆说：“他们逼问的就是我父亲和刘少奇的关系。我父亲死也不承认反对毛主席。没过几天，我父亲的脑袋被他们打坏了，严重脑震荡。”

时传祥的大脑已经不很清醒了。

1971 年 10 月，备受摧残、身染重病的时传祥被遣送回山东老家——齐河县赵官镇大胡庄。

→ "我们是时传祥的孩子"

★★★★★

时传祥被遣送回山东老家的决定传来时，时传祥的意识却是清醒的。

在走以前，时传祥清醒地看到整个社会生活已乱套了。他惦记着一件事。

别的不说，只说掏大粪这一行，人们只顾"把文化大革命进行到底"了，而闲置了手中的掏粪勺，放下了肩上的背粪桶，停下了拉大粪的汽车轮子。

没有人想一想老百姓该怎么办。

他想到了北京市的文明卫生，他想到了他负责的那一大片的住户，几个月厕所没有掏了，该满冒到什么程度？那里的群众怎么生活呀？

时传祥把自己的两个儿子和两个女儿叫到身边。

他从病床上直起身，看看他的儿女们，说道：

"孩子们，爸爸掏了一辈子的粪，守住了一条做人的标准，那就是，宁愿一人脏，换来万家净。这不是什么空洞的口号，这是俺们掏粪工人这一行做人的根本。马克思不会说这是错的，毛主席不会说这是错的，老百姓更不会说这是错的。

"现在清洁队一闹革命，就顾不上掏厕所了，俺估摸着这些天没掏，该满得不像样子了，特别是崇文门外那些小胡同里的住户，不知道他们怎么生活了。你们替爸爸掏粪、背粪去。你们到清洁队去，那里的师傅们会把汽车开出来，把你们掏出来的大粪拉走的。要是汽车开不动了，你们就把以前那些独轮车收拾收拾，拉粪。行不行？"

孩子们都是好样的，他们说："爸爸放心，我们行。"

"不要厌恶这一行。不管什么人，只要是吃五谷长大的，就得上茅房，俺们为人们服务不臭，不脏，不比谁低半头。去吧，让老住户们看看，时传祥的后代个个都是好样的。"

"爸爸，我们现在就去。"

时传祥起身说："行，咱们走。"

孩子们哽咽着制止他："爸爸，你都站不起来了，还能干活！"

时传祥让老伴拿衣服来穿："走！只要俺还有一口气，俺就要工作。走！"

两个男孩时春庭、时纯利一边一个搀扶着父亲向外走。在路上时传祥歇了几次。平日，从住处到王家胡同，再到东单牌楼，没有几步路，胡同口有个烧饼铺，时传祥和工友们常在这里打尖，走起来，没有多远。可是今天，这条路好漫长啊！他们走了大半晌。

他们先走到了三队。

队里的几个师傅非常惊奇，非常感动。

"哎呀呀，老四，你怎么还要出来？"

"师傅师傅，快歇着，快歇着！有什么事说一声，我们来办。"

他们愿意为时传祥的孩子们当师傅，带着他们去掏粪。

他们把独轮车收拾好，熟练地推出来，来到崇文门外一个最窄的胡同口停下。

时传祥带着自己的孩子们向胡同的深处走去，在一家住户门前停住。

时传祥亮起自己那略有点沙哑的嗓子，高声喊道："家里有人么……"

然而，他根本发不出声音来，只在嘴边上发出了一点"家"的声音，就喘息不止，头疼难忍，支撑不住，他的身子向地上滑落——孩子们赶紧放下粪桶粪勺，抱住父亲，坐到路边的一个大石头上。

孩子们跪在时传祥的面前，低声地哭着。

时传祥指指第一家的大门，艰难地说："去……喊……"

他们哭着说："爸爸您歇着，您坐好。我们去。"

两个男孩子重新背上粪桶，拿起粪勺，站到那第一家大门前，喊道："家里有人么？"他们的声音不大，带着哭声，吐字不清，没有人能够听到。

两个姑娘走过去，接着喊道："……请把院子里的东西收拾收拾……"她们的声音也不大，带着哭声，带着稚嫩，吐字不清，没有人能够听到。

四个孩子一齐喊道："……我们是时传祥的孩子……我们是来掏粪的。"

那家住户的门打开了。从门里走出两位老年夫妇，他们先看到四个年轻人，慌忙地往院子里让。后看到不远处的时传祥，他们慌忙地来到时传祥面前。

他们忙着安慰他，招待他，说不尽的客气话："时师傅，你可要想开些呀，这年头啥事儿都可能出，什么都乱套了，好人受难……你千万不要放在心上啊。"

"孩子们都是好样的。他们还小，来来，把工具给我们，我们掏。他们细皮嫩肉的，我们干……"

实际上，听到孩子们喊声的还有很多家，他们纷纷打开院门，走出家来，迎接时传祥和他的孩子们。

时传祥的孩子们就是这样在他们父亲最艰难的日子里，开始了人生的第一步。

⭢ 总理的关怀

★★★★★

掏了一辈子粪的时传祥因与被诬蔑为"工贼"的刘少奇握过手，而被红卫兵赶回原籍。

老家的乡亲们心中不服。纯朴的人们不认为他是什么"工贼"，照样和他亲近相处。

时传祥以前回老家，大都是因为回家看望老母亲，或者接妻子孩子，或者送妻子回家生孩子，哪一次回到家都把村里几条街打扫干净。村里人们只要看到几条大道被打扫干净了，乡亲们就知道，准是时传祥回家了。

可是，这次回家，时传祥却扫不动了。

母亲已经去世，他住在他结婚时的那间屋里。哥嫂们千方百计地为四弟找药，为他请医生，时时围在他的病床边，安慰，劝解，让他不要多操心，只要他健健康康，比什么都好。乡亲们也纷纷来看他，送医送药，他们愤愤不平地说："时传祥究竟犯了哪家的王法？"

八十多岁的老烈属丙银老奶奶从自家树上摘下几个石榴，提上鸡蛋，拄着拐棍来看望时传祥。她流着泪、满腔悲愤地说："你是俺看着长大的，你是咱大胡庄的光荣！你要是贼，天下还有好人吗？"

1972年10月26日，一直半昏迷的时传祥清醒过来，他让老伴把院门、屋门都插上，又让她做几样"好菜"，翻箱倒柜找出半瓶薯干酒。他要敬十三年前的这一天握过他的手的少奇主席一杯。

时传祥艰难地说道："就冲他能看得起俺这个掏大粪的，俺就到死也不相信他是个坏人！"

他双手捧起酒杯，向北京方向致敬，他缓缓地说："少奇主席，你在哪里？你要保重啊！俺死也不相信您是坏人……总有一天您会得到平反的。"

时传祥在拍案问天，长啸发狂。

时传祥一家人为国家主席刘少奇干了一杯酒。

1973年夏，万里同志在向周总理汇报全国人大会议筹备情况时，专题汇报了时传祥的情况。病中的周恩来总理知道了时传祥的处境，非常气愤，怒斥道："难道说文化大革命就是为了打倒一个掏粪工人吗？"他立即指示有关部门将时传祥接回北京，要给他平反，向他道歉，政治上予以恢复名誉，生活上照顾安排，治病养伤。

时传祥的次子时纯利清楚地记得，他们一家老小被"周总理派来的人"接回北京的确切时间是：1973年9月18日7点35分。

时传祥被孩子们扶下火车。接他的救护车已经等候在站台上，护士们有条不紊地将时传祥扶上车，直接送到天坛医院。

工友们全在天坛医院的病房外边等着，有的携家带口，有的带着礼品，来看望时传祥。

走了一拨又来一拨，为见时传祥，他们一站就是几个小时。

时纯利回忆说：

回到北京的第二天下午，万里伯伯就来到医院看望我父亲，他深情地对我父亲说："老时啊，周总理让我来看望你，祝你早日康复。周总理非常惦念你的病情，惦念你的健康。"

听到这话，时传祥哭了。

时纯利说："在山东老家时父亲整日地哭，看见家里为他准备的水泥棺材，就哭，还说些不着边际的话。现在，见到曾经一同背粪、又一同被押到工人体育馆十万人批斗大会的万里老领导，又听说是周总理让他来的，父亲像一个挨打的孩子见了亲人似的又哭了，感情的闸门一下就打开了，再也止不住了。父亲竟哭得鼻涕一把泪一把，好久不能止住。"

时纯利说：“万里伯伯的眼圈也是红红的，老人家心里也在哭。”

→ 最后的日子

★★★★★

1973 年 10 月 26 日这一天，时传祥的精神又一次好起来，他又一次像过节似的让老伴做了一桌好菜，弄来一瓶牛兰山二锅头，为纪念那一次握手，全家人举起杯，为刘少奇主席的健康干杯。

时传祥举起酒杯，向着中南海的方向，信心百倍地说道：“少奇主席，你在哪里？你要保重啊，俺死也不相信您是坏人……总有一天您会得到平反的。”

时传祥一家人为国家主席刘少奇又一次偷偷地干了一杯酒。

然后，时传祥喘息着说：“孩子们，俺还是那句话：就冲他能看得起俺这个掏大粪的，俺就到死也不信他是个坏人！他一定会得到平反的。咱们看着，他一定会平反昭雪的。”

当孩子们悲痛地告诉他少奇同志已经逝世的消息时，时传祥脑袋"嗡"的一声懵了，只见他双手哆嗦起来，手里的酒盅"啪"的一声掉到地上，碎为几瓣，身子晃荡着向后仰面倒下……

"爸爸!"孩子们哭成一片。

他们把时传祥抬到床上，掐人中，压合谷，大声地喊着他……后来，时传祥吐出一口血痰，他又活过来了。

他瘸着腿,抡起手中的拐杖,一边向四周使劲地"打"去,一边高喊着："打鬼啊,打鬼啊!少奇主席不是工贼!俺时传祥也不是工贼!你们是鬼!打鬼啊! 打鬼啊!"

他的精神垮了，时常颠三倒四说胡话。

工友们来看他，他也认不得，分辨不出谁是谁。

有人说：他的真魂已经散了。

老伴说：他已经走了，他去找少奇主席去了。

1975 年 5 月 19 日这一天，时传祥又一次突然清醒起来了。

他把几个孩子叫到床前，反复叮嘱说："俺、俺、俺这一生就是个掏大粪的，和国家主席刘少奇握过手，值了……俺、俺走后，你们要继承俺志，当一名称职的环卫工人，为人民服务，为北京尽力……俺为北京弯弯腰……你们……要……牢……牢……记……住……永远为北京弯弯腰……"

说完这些话，他头一歪，永远地闭上了眼睛。

"爸爸! 爸爸!!""爸爸，爸……"

孩子们立刻哭成一片。

"他爹! 你醒醒! 我知道，你冤啊……你冤啊……"

家人的哭声震撼着屋宇，直冲云霄!

时传祥在精神失常中度过他最后的两年时光，两年后他清醒地走了！

这天，他差一百二十天满六十周岁。

2005 年，国务院报请人大常委会批准在时传祥的家乡建立博物馆，在崇文区三队的原址树起一座时传祥大理石雕像。

时传祥的生平事迹拍摄成了电影《时传祥》。

全国各地大约有 400 多个大中城市把每年的 10 月 26 日定为"环卫工人节"，缅怀、纪念这位伟大的掏粪工人。

传播吉祥

时传祥的徒弟们

★★★★★

10 月 26 日这一天，在时传祥的雕像前来了一对中年人和一个十岁的孩子，女的挽着男的胳膊，男的双手抱着一束鲜花，孩子活泼好动，跟在后边。

他们迈着沉重的步子，一步一步地来到时传祥雕像前。男的弯腰摆上那束鲜花，然后退后几步，双膝跪下，叩头三下。女的也跪下，跟着叩头三下。

男的十分愧疚地说道："师傅，徒儿对不起您。恭请您老原谅。以后我每年都要来给您叩头，向您谢罪。"

他是当年时传祥青年班的八个青年中的一个。文革中，时传祥被批斗时他居然打过师傅。他的一棒把时传祥打倒了，他自己也被这一棒压得抬不起头来，他终生难忘，师傅的身体倒下了，自己的人格也永远地倒下了。

向时传祥的雕像走来的还有当年青年班的其他青年人：

齐振刚来了。他就是那个掏粪时正好女朋友蹲在茅房里方便，见到齐振刚是个掏粪工人，曾说他：这不是大门板盖棺材——屈才了么。女朋友走了，齐振刚就打起了退堂鼓，向时传祥提出不干了。后来在时传祥教育下，继续干掏粪工作，并且干得很好，后来又找到了自己的所爱，结成了美满姻缘。

△ 左三为时传祥次子时纯利，左四为本书作者曹德全，左二为曹德全长子曹耀，其余为"时传祥纪念馆"工作人员

蔡俊生来了。他就是那个一位老大娘给他晾了茶水他不喝的青年人，那位大娘每次都为青年班晾些水，他们每次都不喝。很久以后，他说了实话：大娘，我们怕弄脏了你的碗。

大娘说："这是哪儿的话！你们整天给我们掏茅房，都不嫌脏，我们还能嫌你们脏？快喝吧！我就喜欢你们这帮青年人，不嫌脏，不怕累，真有志气。"蔡俊生在青年班干得更有劲了。

范继宗来了。他父母去世早，奶奶顾不上管教，学了一些坏毛病，但后来在时传祥和其他老师傅们言传身教的帮助下，成为一个有出息的年轻人。

李长仁来了。他一开始讲吃讲穿，乱花钱，后来在时传祥的帮助下，成为一个勤俭持家的模范。

来的人还有：

全国先进工作者、全国"五一"劳动奖章获得者任华亭；

全国五一劳动奖章获得者钟志玲；

第十一届全国人大代表关阔山；

西城环卫"时传祥班"班长张会……

这一天，时传祥带过的青年班的、整个三队的和北京市跟时传祥背过粪的人都来了，他们有的带着家属，有的带着孩子，站了一大片。他们虔心敬意地来向时传祥致敬，献上他们被感动过的忠诚的心。

春天的故事

★★★★★

十月的春雷，驱散了阴霾。刘少奇和时传祥之间的特殊友情，在春天里续写着新的故事。

1978 年 6 月 30 日，时传祥被平反昭雪。王光美获悉这一消息，欣喜异常，当即托人捎信给时传祥的家属，表示由衷的祝贺。

1980 年 5 月 15 日，在党中央决定为刘少奇主席举行平反追悼大会的前两天，王光美派儿子刘源找到时传祥夫人崔秀庭，将大会通告交给崔秀庭。5 月 17 日，时传祥次子时纯利参加了刘少奇主席追悼大会。

1982 年 1 月 27 日，在全国妇联召开的"五好家庭"表彰大会上，时传祥的老伴崔秀庭作为代表参加了表彰会，见到了作为全国妇联领导的王光美。

在一次小型座谈会上，王光美专门来到崔秀庭的旁边坐下，她们两位世纪老人并排而坐，相拥相抱着，为历史的荒诞而惋惜，为今天的光辉灿烂而深感欣慰。

王光美深情地说道：秀庭大姐，是刘少奇连累了时传祥。要不是那一次握手，时传祥可能安安静静地工作生活，长寿健康，幸福一辈子。

崔秀庭说："可不能那么说！要不是少奇主席的看顾，老时就永远只是一个默默无闻的粪花子。我们时家能够得到国家主席的看顾，是我们时家的荣幸。"

两位老人亲密无间，共同承担着历史的责任。

时传祥的老伴崔秀庭老人住在宽敞的三居室，屋里的陈设简单而朴实。她把2004年春节时七十三岁的王光美来家看她时的合影摆在一个桌前的显著位置。

1983年4月3日，是崔秀庭的六十寿辰。

这天，王光美带着一个大生日蛋糕和两瓶精制葡萄酒，早早驱车来到崔秀庭家，专程为崔秀庭祝寿。

王光美与崔秀庭紧紧拥抱，又长时间地握手不放。她们望着墙壁上刘少奇与时传祥亲切握手的大照片，热泪盈眶。

八个家常菜摆上了桌，王光美把崔秀庭让到首座上，打开带来的葡萄酒，热情地为崔秀庭斟上一杯。

接着，王光美给崔秀庭切了一块生日蛋糕，放在餐盘里，又给大家分切了蛋糕。

崔秀庭把自己亲手烹饪的炸藕盒夹给王光美吃，王光美边品尝边对时家四兄妹说："今天吃了你们的炸藕盒，倒使我想起了宋朝周敦颐的《爱莲说》。他称赞荷花'出淤泥而不染，濯清涟而不妖，中通外直，不蔓不枝，香远益清，亭亭静植……'我祝愿你们兄妹四人，扎根首都环卫事业，永远当好城市的美容师，并按照周总理的遗愿，为实现首都环境卫生机械化而努力尽心。你们的父亲不在了，你们要发扬父辈的光荣传统，如莲花、似藕节一样，纯正高雅，洁白无瑕。"

许多年来，王光美在元旦、春节期间多次驱车到崔秀庭家拜年；每年春节和重大节日，崔秀庭则派自己的四个子女，到王光美家拜年、问候。国家主席刘少奇与掏粪工人时传祥结下的特殊友情，在两位夫人之间、两个家庭之间延伸着、发展着。

有许多老领导和当年的好友，以及在时传祥那里背过粪的朋友，过年过节，都时常去看望崔秀庭老人，送去他们的慰问和关怀。

时传祥的儿女们也都成了这些老领导家里的常客。

➔ 三代劳模，传承精神

★★★★★

时传祥的后代全是好样的，全都继承了他的事业，在新的时代里做出了出色的成绩。

时传祥的四个儿女全都工作在环卫系统：

长子时纯庭，在使馆区清洁处当工人。

长女时俊英，在崇文区环卫三队当工人。

次子时纯利，在崇文区当掏粪工人，后在使馆区。

次女时玉华，在市清洁一厂行政科当科员。

时传祥的儿女们牢记父亲说的话：时代再变理没变，干活、做人的道理不能变，"宁愿一人脏，换来万家净"的精神不能变。

△ 时纯利说："工作中我丝毫不敢懈怠，遇到解决不了的问题，我就想，如果爸爸在世，遇到这样的问题他该怎么办？想到这里，我的干劲更大了。我一定不能给父亲丢脸。"

➡ 时纯利的事迹

★★★★★

时纯利是时家第二代清洁工的代表。

谈起自己如何走上与父亲一样的工作岗位时，时纯利说："我是掏粪工人时传祥的儿子。我常为爸爸感到自豪。他虽然是一名普通的掏粪工人，但在党和政府的关怀下，成了全国著名的劳动模范和全国人大代表，多次受到党和国家领导人的亲切接见。爸爸临终前对我们兄弟姐妹四个叮嘱道：'我干了一辈子清洁工，你们一定要把这个班接过去。'我永远忘不了。"

1974 年 2 月 28 日，也就是时传祥去世前一年，时纯利带着父亲的嘱托，来到北京市使馆区清洁队，担负起了北京一百多个外国使团驻地的垃圾清理和外交公寓的垃圾清理处理工作。每天的工作就是蹲在垃圾堆里，把好几吨的垃圾按照不同种类分拣出来，然后再分别送去处理。这个工作不仅平凡琐碎，而且又脏又累，但是时纯利长期地、兢兢业业地干着，没有半点怨言。

后来，他又被调到转运站当垃圾装卸工，负责铲装垃圾，依然是个平凡琐碎、又脏又累的工作。

▷ 长子时纯庭

△ 长女时俊英

△ 次子时纯利（前中）

△ 次女时玉华

时纯利这个劳模的儿子，并没有享受到"实惠"，从懂事起就知道干什么都要干得比别人好。他带着时传祥的性格特点，话不多，活儿却比别人干得多。他博得了同事们的普遍好评。父亲的遗训和父亲背着粪桶的身影成了时纯利鞭策自己的力量，他时常说："工作中我丝毫不敢懈怠，遇到解决不了的问题，我就想，如果爸爸在世，遇到这样的问题他该怎么办？想到这里，我的干劲更大了。我一定不能给父亲丢脸。"

有一次，一家饭店的化粪池堵了，队里派他去清掏。时纯利带着五名共产党员使尽了各种方法，掏不通，最后只剩一招，那就是人工下去用手掏。时纯利毫不犹豫地跳到化粪池中，其他五人也跟着下去，他们用双手掏挖，干了八个多小时，才掏通了所有的通道。

不久，他调到使馆清洁运输处，任该处主任。

上任不久，处里有了一个清掏任务，时纯利没有多想，亲自带着几个工人，前往前苏联大使馆里清扫垃圾，他干在前边，哪里脏哪里累他就出现在哪里。干完之后，又打扫得干干净净，这一切，感动了大使馆的二秘。二秘说："我听说过时传祥的事迹，今天看到他的儿子在这个岗位上如此兢兢业业地工作，实在了不得，就如同当年时传祥一样，我在他们新一代人的身上看到了时传祥的精神光辉。"

时纯利说："我不能不干好哇。背着粪桶的父亲永远都走在我的前面，我要是稍稍懈怠，就能看到父亲坚毅的眼神。"

早在 1959 年的时候，时传祥曾向刘少奇、朱德、周恩来各位中央领导同志汇报工作时说过：过去用独轮车运粪，每人每天只能掏粪背粪八桶，改为汽车运粪后，俺每天能背九十三桶。中央领导同志听了以后说："你们太辛苦了。要尽快地做到'三放'：放下粪桶，放下扫把，放下铁锹，实现机械化。"

时传祥时代没有能够实现，到了时纯利这一代环卫工作者，实现了这个愿望。

经过五十年的努力，北京乃至全国都有了飞跃的发展。在上个世纪的

△ 时纯利代表北京市总工会慰问在基层工作的劳动模范

时纯利的简历

1954年1月出生，1974年2月参加工作。

1975年1月加入中国共产党。

1978年10月，中国共产主义青年团第十次全国代表大会代表。

1980年6月，中华全国青年联合会第五届委员会委员。

1985年4月，北京市第五届青年联合会委员、常委。

1990年4月，北京市第九届青年联合会委员、常委。

1992年12月，北京市第十届人民代表大会代表。

1997年12月，北京市第十一届人民代表大会代表。

1979年被评为北京市新长征突击手。

1980年被评为全国新长征突击手。

1989年被评为北京市劳动模范。

1990年被评为全国"五一"劳动奖章获得者。

1996年考入北京市委党校国民经济管理专业研究生班，在职学习。

1998年毕业，取得硕士学位。

2000年至今任北京市总工会党组成员、副主席。

70 年代末，百分之九十的城区实现了汽车清掏运输粪便，到上个世纪 80 年代中期，基本结束了用铁锹清运垃圾的历史，到了上世纪 90 年代又基本淘汰了桶站收垃圾的做法，实现了"三放"。

新的时代对环卫工作提出了新的要求，靠人背肩扛小车推的时传祥时代一去不复返了，环卫工作也需要有知识有文化的人来接班。也需要新招数、新办法和新的发展思路。到了 2008 年 29 届奥运会期间，主要场馆实现了高科技免水冲厕所。

时纯利始终记得父亲的话："我不识字，只知道埋头干活，以后的清洁工得有文化啊。"时纯利遵照父亲的嘱咐，他一直在努力学文化，提高自身素质。

他多年的努力没白费。1998 年时纯利获得了北京市委党校的研究生毕业证，获硕士学位。他在他的毕业论文中曾有这样一段关于"科技兴环卫"的战略思路："现在我们强调科技重要，并不是说时传祥精神不重要了。时传祥精神的核心在于立足岗位全心全意为人民服务，这种精神什么时候也不过时。"

在时纯利担任北京市总工会副主席不久，发生过这样一件事：有一个湖北籍青年人来到北京市总工会门前，他对门卫说他是时传祥的侄子，要见时纯利副主席。门卫没有理他。因为大家都知道时传祥的家庭成员，他们断定这一个"侄子"一定是个假的。

可一连几天，那个小伙子都到总工会门前等候。

这天，时纯利上班很早，门卫说："时副主席，这几天有个小伙子，老是来这里胡闹，说是你的堂弟。"

时纯利想了想，说："这样吧，叫他到我的办公室来。这事我来处理吧。"

门卫把年轻人找来。时纯利把这个青年人带到办公室，请他坐下。给他沏了一杯热茶，语气温和地问他："你到底是谁？"

小伙子头上冒出一头汗。说："对不起了，我欺骗了您和大家。"

时纯利说："随便点儿，别紧张。你说说是怎么回事。"

△ 时纯利说："我不能不干好哇。背着粪桶的父亲永远都走在我的前面，我要是稍稍懈怠时就能看到父亲坚毅的眼神。"

　　年轻人见时纯利态度温和，客客气气的，喝了一口水，如实说道："我是湖北人，大学本科毕业，学生态环境的。我从小就知道时传祥的故事，我希望像时传祥那样，做一个'宁愿一人脏，换来万家净'的掏粪工人。可是，我没法实现我的愿望，我只好用这样的办法来见你。方法不对，我心是好的，希望你原谅我的错误，支持我的想法。"

　　原来是这样，时纯利感到惊讶，也感到心里宽慰，有这样的事，他当然要支持了。他说："这样吧，我帮你联系联系看，能满足你的愿望最好，要是帮不上忙，我也给你个消息。"

时纯利先到市环境卫生局，后到崇文区环境卫生局，再到北京市劳动服务公司联系，又到大学生职业介绍所打听，跑了所有可能用人的单位，一个星期后终于把小伙子安排好了。还是崇文区卫生三队——时传祥工作过的地方。

小伙子拿着时纯利给他的用工通知书，千恩万谢地走了。

望着这个年轻人的背影，时纯利仰面向天，他嘴里说道："爸，他是个好苗子，愿你在天之灵多多指引他！"时传祥善良慈悲厚德仁心，生前救活的、收养的弃婴共有八个。他（她）们大都在福利院生活长大，

△ 1999年国庆五十周年时，王光美和时纯利合影

和时传祥家保持着极亲密的关系。

当年将自己的女儿遗弃在茅房里的一位现定居美国的女士，委托律师来找孩子。律师找到时传祥的儿子，又通过时纯庭、时纯利找到了她的孩子。那个女婴当年被时传祥救了命，送到福利院，并为她起名时解放。时解放，现在长大成人。时传祥的精神感动、影响了她的一生，她立志为人民服务一辈子，将她继承的百万美元的财产全部投入到北京的环保事业。

从 1974 年到 1984 年，时纯利在清洁工的岗位上干了十个年头。他的诚恳热情，虚心上进，吃苦耐劳，在清洁队里人人称道。1979 年，时纯利在担任使馆清洁队垃圾清运车司机期间，荣获"北京市青年新长征突击手"称号。1980 年，他又荣获了"全国新长征突击手"称号。

1989 年，他被评为"北京市劳动模范"。1990 年荣获全国"五一"劳动奖章，时纯利还被推选为第九届、第十届北京市人大代表、北京市青联常委。

1999 年 10 月 2 日，也就是时传祥和刘少奇握手整整四十年后，时传祥的二儿子时纯利又受到同样的礼遇：时任国家主席的江泽民在接见全国劳模会上，见到了时纯利，他紧紧地握住时纯利的手说道："小时呀，你是子承父业，要好好地工作，为人民服务。"

两位国家主席与两位父子清洁工握手的事情，让千千万万的中国劳动者备受鼓舞。

同日，胡锦涛总书记接见时，握着时纯利的手微笑着说道："小时，向你妈妈问好！"

时纯利说："每当我们家人团聚的时候，我们兄弟姐妹四个想起我们与粪便、垃圾、脏水打交道，大家都说，我们一辈子永不后悔。"

时纯利现任北京市总工会副主席。他热心善良，不摆架子，像他父亲一样，乐于助人。

2005 年 5 月，继时家两代获得全国劳模之后，时传祥的孙女时新春又获得"五一"劳动奖章、全国劳模称号。

➡️ 时新春的故事

★★★★★

时传祥一家三代投身环卫事业，并做出了出色的成绩。

时新春的父亲、时传祥的长子时纯庭高兴地说："我父亲是全国第一代劳模，我弟弟时纯利是时家第二代全国劳模，现在我女儿时新春又光荣地成为时家第三代全国劳模。这充分证明了父亲的精神在时家代代相传。"

时新春说："这么多年来，是爷爷'宁愿一人脏，换来万家净'的精神激励着我、鼓舞着我。现在我可以骄傲地说，我没有让爷爷失望！"

时新春小时候跟时传祥生活过两年，对于爷爷的事迹，她是在长大后才慢慢了解的。她收集了大量关于时传祥事迹的书籍和影视片，在工作苦闷彷徨时就拿出来看看。

"那时候条件是那么艰苦，而爷爷的工作却是如此出色，我有什么理由做不好，让爷爷失望呢？"时新春时刻这样鞭策着自己。

1999 年，时新春由胜利油田采油工转到滨南

△ 时新春：……我没有后悔干环卫这份工作，如果再有一次选择岗位的机会，我还会选择当一名环卫工人。我会做爷爷的好孙女，永远不让爷爷失望！

社区胜滨环卫绿化队，当起了一名环卫工人。时新春虽然是绿化队队长，她却身先士卒，处处干在前，建立了"时新春示范区"，每天都亲自清扫卫生，她深信"喊破嗓子，不如做出样子"，只要自己带好头，队员们一定能干好。"时新春示范区"成为整个滨南社区的榜样。

时新春所带领的环卫队先后承包过油田部分采油

机的清洗、机关办公大楼的保洁和其他小区的清洁工作,工作全都是一流的。

　　她带领环卫绿化队搞科技攻关,例如:三叶草盐碱地种植技术、法国梧桐病虫害防治、农药喷雾机自动化改造,等等。一项项新技术的实现,促进了环卫绿化工作的顺利开展。而从事这些技术攻关的人,都是队里普通的环卫工人。

　　因工作成绩突出,2005年3月,时新春当选为"山东省劳动模范"后,又被评选为全国妇联"巾帼标兵"。5月,时新春又光荣地成为全国五一劳动奖章获得者。

　　五一国际劳动节前,她参加了在人民大会堂举行的全国五一劳动节的表彰大会。她与其他九名全国劳模代表参加了在中华全国总工会召开的座谈会,会上她做了典型发言。

　　她以她取得的骄人成绩告慰时传祥在天之灵。

　　2008年的"五一",在开会期间,时新春激动地说:"我能获得这么高的荣誉,是各级领导培养的结果,也是广大干部职工支持的结果,这个荣誉应该属于大家……我没有后悔干环卫这份工作,如果再有一次选择岗位的机会,我还会选择当一名环卫工人。我会做爷爷的好孙女,永远不让爷爷失望!"

　　时传祥的精神薪火相传,后继有人。

后 记

向巨人时传祥敬礼

回望这段凝重深邃的历史及疾风暴雨的政治斗争，了解当时英雄诞生的社会和历史基因，让我们产生无限的叹息。那次世纪性握手已经过去五十多年了，五十多年后的今天，我们说起来，心里仍是酸酸的难受，为说不清道不白的历史难受，为一个掏粪工人和一个超级大人物的命运难受。

时传祥是一位上世纪在平凡岗位上闪烁着不平凡光辉的全国劳动模范，他的一生创造了许多为后世值得记忆的精神。我为写好时传祥这位时代楷模感到压力重大，在巨大的挑战面前，我甚至有过放弃的念头。正是许多朋友的支持和鼓励我才写下去。后来，我梳理了网上的资料和手头上所有的采访的和非采访的东西，我发现，我们的时代需要诠释出新的符合时传祥时代精神的时传祥。于是，我愉快地开始了《时传祥》的采访和编写工作。

雨果说："天空专为我一个人张灯结彩。"既然"天空专为我一个人张灯结彩"，那么我就应该在我的天空里制造我的彩虹。我可以站在新时代的历史新角度上，从时传祥平凡而伟大的生命历程中开掘时传祥的"平凡"和"伟大"两个素质"元"。我不想把时传祥作为一个平凡的人的平凡的事写成不平凡，同样，我不想把时传祥作为一个曾做出过常人所没有做到的"伟大"的事迹写成不伟大，我想展现出既真诚朴素又出类拔萃的时传祥的本色。

我的写作也是一个非常好的学习过程！也是一个回忆、怀念的过程！

时传祥是一个掏粪工人，他在自己的岗位上清掏、背粪、运送得最多，干得最好，多平凡啊！他弯腰捡起地上的一片垃圾，放进垃圾桶里，多一般啊！然而，谁能做得比他更好？很少有人能做到。当他讲出"工作无贵贱，行业无尊卑，宁愿一人脏，换来万家净"的话时，他的心是多么高尚啊！当他被打得死去活来的时候，还能够说出"少奇主席，你在哪里？你要保重啊，俺死也不相信您是坏人"的时候，他至死都是"死保刘少奇"的时候，多么坚定多么崇高啊。他坚持真理，傲然挺立，用生命作代价，唱响了人格力量的最强音，还有谁能够与之相比！时传祥的精神伟力谁能够与之相比啊！

于是，我就埋头学习，仔细挑选，沿着时传祥的这两个"元"进行记述。在最紧张的两个月里，我天天都在时传祥精神高原上爬坡、奋斗，甚至，刚睡下又爬起来写作，半夜里惊醒过来，三番五次地进行修改。记得将近完稿的时候，在一个百花齐放的日子里，一个流光溢彩的长街旁，我看见了时传祥同志，他那高大的身躯，正穿过时空的隧道，从崇文门的一个普通街道里、从熙熙攘攘的人群中走来，他似乎带着花香，带着辉煌，带着和国家主席握手的振奋，向我走来。他是豪放的，也是微笑的，他老手大茧，一句亲切的问候就把我的心弦拨动，热流冲上鼻端，我热泪盈眶了……当时，我很清醒。我说，这不是你还在世么，我干的活儿就是跟你学的结果……你自己来见证你的历史吧，你看我写得对不对……醒来后，我擦擦泪眼，摇摇头，啊，你好，亲切而高大的时传祥！

我知道我在做梦。

在这种半是梦境半是清醒的心境中写成了这样的一本具有时代楷模的传记体故事书。

真实是传记文学的生命。我遇到的资料多有矛盾，有的也需要核实，我只能重新采访，经过推理后存其真实；某事件有些资料有，有些资料无，我只能反复查考之后再定其取舍；所有的事件叙述以真实为最高标准。

真实的历史事实时常感动着我，在时传祥的事迹面前，我常常被感动得热泪盈眶。

把我的写作总结一下，何谓时传祥精神？我认为，就是全心全意为人民服务的品格，就是勤劳朴实、自强不息的个性魅力，就是爱岗敬业、吃苦耐劳的奉献精神。时传祥的事迹以及它所体现出来的精神，是我国经济建设初期的人文精神集中表现。时传祥精神的社会价值就是他把对祖国的爱、对社会的爱、对人民的爱、对职业的爱全身心地投入到了工作之中，投入到了无限地为社会奉献、为人民服务之中去，并化为了以苦为乐，爱岗敬业，"宁愿一人脏，换来万家净"的实际行动。时传祥精神是我们民族不分时代和地域的共同财富。

稿子交出去了，向楷模学习永远不会结束。

感谢许多帮过我的人，尤其是要感谢时传祥的次子时纯利先生，他为我提供了他的"压箱底的材料"。感谢吉林文史出版社的同志们。

由于本人思想水平有限，第一次写时代楷模，不足之处一定很多，敬请各位时传祥的研究者批评指正。

曹德全

2009 年 7 月 15 日草

2011 年 12 月 12 日改

100位

新中国成立以来感动中国人物

丁晓兵　马万水　马永顺　马恒昌　马海德　中国女排五连冠群体

孔祥瑞　　孔繁森　　文花枝　　方永刚　　方红霄　　毛岸英

王　杰　　王　选　　王　瑛　　王乐义　　王有德　　王启民

王进喜　　王顺友　　邓平寿　　邓建军　　邓稼先　　丛　飞

包起帆　　史光柱　　史来贺　　叶　欣　　甘远志　　申纪兰

白芳礼　　任长霞　　刘文学　　刘英俊　　华罗庚　　向秀丽

廷·巴特尔　许振超　　达吾提·阿西木　　邢燕子　　吴大观

吴仁宝　　吴天祥　　吴金印　　吴登云　　宋鱼水　　张　华

张云泉　　张秉贵　　张海迪　　时传祥　　李四光　　李春燕

李桂林和陆建芬夫妇　李素芝　　李梦桃　　李登海　　杨利伟

杨怀远　　杨根思　　苏　宁　　谷文昌　　邰丽华　　邱少云

邱光华　　邱娥国　　陈景润　　麦贤得　　孟　泰　　孟二冬

林　浩　　林巧稚　　林秀贞　　欧阳海　　罗映珍　　罗健夫

罗盛教　　草原英雄小姐妹　　赵梦桃　　钟南山　　唐山十三农民

容国团　　徐　虎　　秦文贵　　袁隆平　　钱学森　　常香玉

黄继光　　彭加木　　焦裕禄　　蒋筑英　　谢延信　　韩素云

窦铁成　　赖　宁　　雷　锋　　谭　彦　　谭千秋　　谭竹青

樊锦诗

图书在版编目（CIP）数据

时传祥 / 曹德全著. -- 长春 : 吉林文史出版社，
2012.8（2024.5重印）
（100位新中国成立以来感动中国人物）
ISBN 978-7-5472-1183-0

Ⅰ. ①时… Ⅱ. ①曹… Ⅲ. ①时传祥（19415～
1975）－生平事迹－青年读物②时传祥（19415～1975）－
生平事迹－少年读物 Ⅳ. ①K828.1-49

中国版本图书馆CIP数据核字(2012)第208513号

时传祥

SHICHUANXIANG

著/ 曹德全
选题策划/ 王尔立　责任编辑/ 王尔立　李洁华　任玉茗
装帧设计/ 韩璘
出版发行/ 吉林文史出版社
地址/ 长春市福祉大路5788号　邮编/ 130118
电话/ 0431-81629363　传真/ 0431-86037589
印刷/ 天津海德伟业印务有限公司
版次/ 2012年8月第1版 2024年5月第5次印刷
开本/ 640mm×920mm　1/16
印张/ 9　字数/ 100千
书号/ ISBN 978-7-5472-1183-0
定价/ 29.80元